Nathalie Calvet
Préface de **Moune Jans**

ACTIVEZ LES 5 ÉNERGIES de la RÉUSSITE

LE COURRIER DU LIVRE
27, rue des Grands-Augustins
75006 Paris

Sommaire

Préface

Il est souvent dit que la valeur d'un livre ne réside pas seulement dans ses pages, mais dans l'empreinte subtile qui subsistera dans le cœur de ses lecteurs. Cela semble teinté de l'ambiance caractéristique de la pensée chinoise. D'ailleurs, les caractères chinois ne sont pas de simples représentations de mots, mais des symboles vivants d'idées profondes. Leur agencement ne symbolise pas seulement ce que l'auteur pourrait dire, mais ce qu'il pense, ce qu'il ressent dans les tréfonds de son esprit. Chaque trait, chaque combinaison, est une fenêtre ouverte sur l'intime, un pont vers les réflexions intérieures, où le visible effleure le mystère invisible de la pensée. Et cette pertinence de l'observation sous-entend l'essentiel : ce qui échappe à nos yeux ne peut être perçu qu'à travers ce qui se révèle à eux. Ainsi, par les manifestations visibles du monde, il devient possible de saisir, en filigrane, des réalités invisibles. À travers ces reflets tangibles, nous accédons indirectement à des états d'être que nous ne pouvons observer directement, mais dont les échos vibrent dans les choses que nous voyons. Cet ouvrage est bien plus qu'un recueil de mots. Il est le souffle ancien d'une transmission, passée de maître à initié, comme une flamme discrète, mais inextinguible.

L'histoire que raconte Nathange est celle d'une quête, d'un voyage intérieur guidé par des enseignements profondément enracinés dans des lignées ancestrales. Le fruit précieux de ces lignées, j'ai choisi de le lui transmettre, à elle, qui était prête à recevoir, prête à cheminer.

Nathange n'était pas simplement une élève ; elle était une résonance, une âme avec laquelle mes propres enseignements ont trouvé une nouvelle forme, une nouvelle voix… Une Voie nouvelle. Elle a accueilli ces secrets millénaires avec une humilité et une dévotion rares, comme on recueille la pluie bienfaisante du Dragon d'Eau.

Notre rencontre elle-même s'est faite sous le signe du destin et de l'inattendu. C'était rue Guisarde, à Paris, à quelques pas de l'église Saint-Sulpice, lorsque Nathange sortit ses effets de ses cartons et tomba sur un livre de Feng Shui. C'est ce livre, sorti du hasard d'un carton, qui a marqué le début de notre histoire. Comme si le vent avait tourné une page vers ce qui devait être, il a inscrit dans le temps une connexion entre nous qui allait bien au-delà des mots et des hasards matériels. Mais, vous l'aurez compris, le hasard n'existe pas : tout a un sens, une raison d'être, même si celle-ci échappe parfois à notre compréhension immédiate.

Comme une moniale, j'ai longtemps œuvré en silence, loin des regards, dans la confidentialité, dans l'alchimie. Mes pas, invisibles pour la plupart, ont tracé un chemin où se croisent la rigueur et la sagesse des Maîtres de l'Eau, dont les enseignements ne se murmurent qu'à ceux qui savent entendre au-delà des mots. Nathange, telle une flamme que j'ai allumée, est maintenant prête à éclairer ce chemin à son tour.

À travers ces pages, Nathange vous dévoile son histoire, mais aussi quelques fragments de moments partagés, nourris des liens sacrés que j'ai tissés avec mes Maîtres. Elle m'a confié en secret que certains passages me sont dédiés – une confidence qui m'a profondément émue. Il y a une beauté singulière dans cette révélation. Peut-être est-ce cette promesse qui m'a conduite à ne découvrir pour l'instant que quelques éclats, vibrants de sincérité, qui ont su prendre leur envol vers moi, qui savoure chaque mot comme un privilège, gardant le reste pour un moment de pleine rencontre, un instant de bonheur, à nous lire et à nous apprécier plus encore. Chaque ligne respire la profondeur de son apprentissage et reflète avec fidélité les enseignements que je lui ai transmis. Ce livre ne se contente pas de raconter une histoire ; il invite à ressentir tout ce qui nous entoure, à capter ce qui échappe à l'œil, mais parle à l'âme. Il témoigne de la métamorphose d'une disciple en guide, une femme qui, tout en portant les sagesses anciennes que je lui ai confiées, divulgue sa propre lecture du Tao, de la vie, de l'eau qui, inlassablement, poursuit sa course éternelle.

Chers lecteurs, ce livre entre vos mains n'est pas simplement un témoignage : c'est l'intimité de Nathange, une femme en plein éveil. À travers son écriture, peut-être découvrirez-vous une résonance, un reflet de votre propre voyage. Alors, que ce ne soit pas seulement une lecture, mais un miroir qui vous permette de contempler vos propres profondeurs et de vous y reconnaître.

Aussi est-ce avec une émotion certaine que je vous laisse parcourir ces pages. Que cet ouvrage soit pour vous une lueur douce et bienveillante, destinée, comme le disent si bien les Chinois pour exprimer la confiance, « à ne plus jamais avoir peur de l'eau », et à sublimer avec sagesse votre propre Feu intérieur : votre Lumière.

Moune JANS

INTRODUCTION

Comprendre le changement d'ère pour mieux se positionner

Les changements de la période Feu (2024-2044)

•

Les conseils pour optimiser les énergies de ce nouveau millésime

•

Devenir conscient, c'est porter attention aux transformations du monde et nous offrir la possibilité de nous y situer avec clarté et discernement. Depuis 2024, nous sommes entrés dans une nouvelle période énergétique, appelée l'ère du Feu, qui durera jusqu'en 2044. Ce changement profond bouleverse nos anciens repères, nos modes de fonctionnement et nos façons de vivre ensemble.

Dans cette période, il ne suffit plus de suivre les anciens modèles : il est temps de poser un regard neuf, conscient, sur ce qui nous entoure et sur ce que nous portons en nous. Cette période nous appelle à comprendre les grands cycles du temps, à les intégrer dans notre quotidien et à nous aligner avec eux. C'est une invitation à ralentir, à ressentir, à choisir en connaissance de cause. Avant toute action, toute transformation, il y a ce moment de clarté : celui où l'on ouvre les yeux.

Ce chapitre déploie les fondements de cette conscience nouvelle, qui est à la fois personnelle et collective. Il vous aidera à poser les bases d'une lecture du monde plus fine, plus subtile et plus alignée avec votre propre énergie. Car comprendre l'ère du Feu, c'est déjà commencer à s'y adapter.

Les changements de la période Feu (2024-2044)

Depuis l'an 2637 av. J.-C., date à laquelle remonte le calendrier taoïste luni-solaire, le temps est mesuré en cycles par les maîtres taoïstes. Ils savent que la Terre est ronde, qu'elle tourne autour du Soleil et qu'elle suit des cycles, comme le Soleil lui-même. Le temps n'est pas linéaire, il correspond à des cycles et on peut constater que dans la réalité, les civilisations qui naissent et disparaissent au fil de ces temps coïncident avec ces cycles. Que ce soit les moments d'essor, de prospérité ou de déclin des différents pays, tous sont soumis aux fluctuations cycliques de façon quasi implacable. Tous les vingt ans, l'économie change, les modes de vie des humains changent, la politique des États change.

Nous nous adaptons aux changements de période comme l'on s'adapte aux changements de saison. On ne mettrait pas un maillot en plein hiver comme on ne s'habillerait pas avec une doudoune au cœur de l'été ! Un changement de période va favoriser certains pays, certains modes de vie, certaines activités et en défavoriser d'autres. Et à l'heure où j'écris ces lignes, nous avons bouclé une période de vingt ans commencée en février 2004 pour entrer dans une nouvelle ère qui a débuté le 4 février 2024.

Il existe trois cycles de soixante ans et la période Feu (le trigramme Li ou trigramme 9) marque la dernière période de vingt ans. C'est un changement majeur d'ère, une transformation profonde que nous traversons tous, que nous soyons homme, femme, enfant, habitant en Australie ou en Auvergne, dans un appartement, une maison ou sur un bateau ! Dans la symbolique de la cosmologie chinoise, les trigrammes sont issus du Yin et du Yang. Ils représentent la croissance du Yin et du Yang dans l'espace et dans le temps.

La légende raconte que l'empereur Fuxi, contemplant la carapace craquelée d'une tortue, y découvrit les huit trigrammes, matrice du Yi Jing. Ces huit figures, formées de lignes brisées (Yin) ou continues (Yang), symbolisent les forces fondamentales de l'Univers. En les combinant par paires, le roi Wen aurait donné naissance aux soixante-quatre hexagrammes, offrant ainsi un outil divinatoire pour comprendre les mystères du cosmos et guider les actions humaines.

Ces figures, à la fois simples et complexes, offrent une représentation symbolique des interactions entre les forces opposées de l'Univers. Le trigramme régnant oriente la planète entière vers une direction particulière, influençant la civilisation, la technologie, l'économie mondiale et le mode de vie humain en fonction de ses attributs et de sa personnalité.

Lors du changement de période, les attributs du trigramme sortant (Gen la Terre) cessent d'influencer le monde, laissant place aux attributs du nouveau trigramme régnant (Li le Feu). C'est pourquoi des économies, des individus et des pays autrefois puissants peuvent perdre leur influence. Le pouvoir change alors de mains, de lieu et de nature. Suivre le trigramme régnant mène au succès, à la prospérité et au pouvoir.

La période de vingt ans du trigramme Gen marque la fin de la période Terre que l'on appelle la Montagne en Feng Shui traditionnel chinois pour laisser apparaître vingt ans de période Feu et le trigramme Li.

L'énergie de la Terre est protectrice, lente, persévérante. Elle est généreuse et peut porter les humains vers les plus hauts sommets. Mais comme dans tout élément, il y a le revers de la médaille, son ombre… Et la Montagne, depuis 2004, est haute et dense, elle nous a permis de nous cacher certaines vérités, de faire des « petits arrangements » avec nous-même…

Le Feu est arrivé en trombe en 2024, et ce nouveau millésime va mettre en lumière toutes ces vérités cachées : c'est l'heure des révélations, préparez-vous ! Ou plutôt ne vous préparez pas, car avec l'énergie du Feu, tout arrive en un instant sans que l'on s'en aperçoive… parfaitement l'inverse de l'énergie Terre !

La Terre nous a permis de construire : l'immobilier ne s'était jamais aussi bien porté dans l'économie mondiale, ce qui a permis à de nombreuses personnes de s'enrichir grâce à la terre et a développé les métiers qui s'y rapportent.

Le développement des métiers liés à la décoration d'intérieur a également été boosté par cette énergie. On ne construit pas une maison ou un immeuble en un claquement de doigts. C'est exactement ce que représente l'énergie de la Terre : la persévérance, l'endurance. Malgré les obstacles, nous avançons, pas à pas, vers la réalisation d'un projet avec l'énergie de Gen.

Avec la Terre, on va jusqu'au bout, quoi qu'il en coûte… Le changement et l'adaptabilité ne font pas vraiment partie de ses qualités ! Elle peut même nous conduire à l'immobilisme… Avez-vous déjà ressenti au cours de ces années des moments où vous vous sentiez bloqué dans une situation et où vous avez continué sur ce chemin-là en sachant que ça n'était pas la bonne direction ?

L'énergie de la Terre crée l'entêtement… Le domaine de l'alimentation et l'énorme engouement créé autour de la restauration est également représentatif de cette période de vingt ans.

Li

Gen

Aujourd'hui, le Feu est arrivé et l'on sent depuis quelques années déjà sa progression avec le réchauffement climatique.

Le Feu est incontrôlable, il est puissant, il révèle et illumine.

Il est aussi spectaculaire, imprévisible, incroyable, « hyper », tous ces qualificatifs qui ont fait des Jeux olympiques de Paris en 2024 la représentation parfaite d'une énergie Feu !

Mais le Feu révèle également ce qui a été caché consciemment ou inconsciemment par l'énergie de la Terre…

Le Feu est lié à la symbolique du cœur : nous avons beaucoup agit, réagit avec notre esprit depuis toutes ces années, désormais c'est le règne du cœur qui va imprégner toutes nos vies.

Tout ce qui n'a plus de raison d'être est amené à disparaître… Le nouveau monde est désormais ici et maintenant, alors profitons-en pour nous aligner sur son énergie. Sinon, celle-ci pourrait nous bousculer plus que de raison dans la brutalité et à nos dépens en nous consumant…

Cette période nous demande de nous regarder en face dans notre vérité et de purifier ce qui n'a plus de raison d'être.

Elle nous encourage à brûler symboliquement ce qui n'est plus aligné avec notre cœur, que ce soit au niveau professionnel, amoureux, dans nos relations… Les relations « toxiques » appartiennent désormais au passé.

Je conseille souvent à mes consultants d'acheter un joli carnet et d'écrire avec leur plus beau stylo tout ce dont ils ont envie de se séparer comme si c'était déjà réalisé.

La formulation est très importante : écrire « je suis entouré d'amis sincères, loyaux et généreux », plutôt que « je ne veux plus de relations toxiques dans mes amitiés ».

Nos pensées créent notre réalité. En formulant des souhaits empreints d'une intention puissante, nous devenons des cocréateurs de notre propre existence : nous incarnons pleinement notre intention.

Bien sûr, il est fondamental que notre action suive ce mouvement. On ne peut pas dire « je suis entouré d'amis merveilleux », puis se laisser maltraiter par une soi-disant amie qui nous assaille de reproches depuis notre enfance !

Couper les liens, cela signifie se respecter lorsqu'une situation, une relation, n'est pas alignée avec vous.

Si vous écrivez seulement que vous êtes entouré d'amis merveilleux, mais que ne vous ne mettez pas en place une action pour que cela soit le cas, alors l'énergie ne pourra se manifester que dans le cadre que vous lui proposez…

La magie de l'énergie, c'est l'âme qui agit et vous êtes les acteurs et actrices de votre âme, *let's go* !

Des changements de domicile et de pays sont également à prévoir.

Pendant le confinement, j'ai accompagné de nombreuses personnes à trouver leur nouveau cocon.

Passer toute la journée à l'extérieur ne permet pas toujours de réaliser son bien-être ou mal-être chez soi et, par extension, à l'intérieur de son Moi profond…

En 2020, de nombreuses personnes se sont interrogées sur leur lieu de vie.

Cette période a mis en lumière notre enfermement intérieur pour révéler des facettes jusqu'alors inconnues de notre personnalité et ce, grâce à notre maison.

« Montre-moi où tu vis, je te dirai ce que tu vis » : telle est la devise du Feng Shui.

Le Feng Shui est cette discipline de la métaphysique chinoise qui sert à interpréter les différentes sources d'énergie provenant de l'environnement extérieur et à canaliser l'énergie bénéfique de l'environnement pour améliorer la vie des personnes.

Cette science nous permet de mettre en adéquation nos besoins et nos envies avec notre lieu de vie. Nous verrons par la suite de quelle manière le Feng Shui est d'une pertinence très juste pour nous aligner dans notre vie.

Les conseils pour optimiser les énergies de ce nouveau millésime

La période 9 symbolise une ère de transformation intense et lumineuse. Le Feu apporte une énergie dynamique et éclairante, marquant un passage significatif vers le féminin. Enfin ! Alors que la période 8 était davantage orientée vers le masculin avec l'énergie stable de la Terre, la période 9 met en avant des qualités associées au féminin, telles que l'intuition, la compassion et la sensibilité.

Cette époque est propice à un apprentissage profond et à un éveil. La chaleur du Feu se manifeste non seulement physiquement, par des conditions climatiques plus chaudes, mais aussi dans nos relations humaines et notre connexion spirituelle.

Cette chaleur symbolise l'ouverture des cœurs et une plus grande capacité à ressentir et à exprimer des émotions.

Nous sommes encouragés à lever les yeux vers le ciel, à chercher des vérités plus élevées et à embrasser une compréhension spirituelle plus profonde. Tout un programme qui va nous demander de nous dépasser, car, depuis 2004, nous avions pu avoir tendance à nous endormir sur notre Montagne !

Le Feu aime les défis, sortir de sa zone de confort et oser. Et ça, c'est tout de suite ! Il n'est plus question de tergiverser, de peser le pour et le contre. Le bon positionnement va s'imposer à nous si, et seulement si, nous ouvrons notre cœur.

Le passage de la période 8 à la période 9 représente une transition du vieux vers le nouveau, de l'obscurité vers la lumière. Cette période est marquée par un éclaircissement et un progrès notable dans de nombreux domaines de la vie.

Dans le monde du divertissement, par exemple, nous verrons l'émergence de jeunes actrices, en accord avec le trigramme Li qui représente la deuxième fille, remplaçant les vieux acteurs masculins qui étaient dominants durant la période 8. Le patriarcat est bel et bien enterré avec ce nouveau millésime !

Les produits de beauté et les industries connexes connaîtront une croissance spectaculaire. L'importance de l'apparence physique et du soin de soi sera mise en avant, symbolisant le désir de se présenter sous son meilleur jour et de cultiver la beauté : l'énergie du Feu est à la fois extérieure et intérieure.

Selon moi, une discipline qui va gagner de plus en plus en popularité et se développera à un rythme fulgurant est le yoga du visage et tous les soins de médecine intégrative nouvelle génération.

Depuis vingt ans, le yoga a connu un essor très important dans nos pays occidentalisés.

Il est bien plus qu'une simple activité physique : c'est un chemin de développement personnel et spirituel qui offre la possibilité de cultiver la paix intérieure, la santé et la conscience de soi. De même, il établit un lien entre la période 8, qui mettait l'accent sur l'ancrage et la stabilité, et la période 9, qui invite à élever notre conscience.

Le yoga du visage est une approche naturelle et holistique pour cultiver la beauté et le bien-être dans sa globalité.

Une personne belle et éclatante est d'abord une personne qui se valorise, qui cultive ainsi son Feu intérieur ET extérieur ! Pour développer cette estime de soi, elle doit se découvrir, prendre soin de son visage et de son corps, écouter ses émotions et rechercher l'harmonie intérieure.

Alors Mesdames et Messieurs, à vos exercices de yoga du visage !

Les métiers de la restauration vont continuer leur ascension avec une grande phase de prospérité et d'innovation.

Les ateliers de cuisine et les cours de cuisine à domicile se développeront : si vous avez l'âme d'un chef cuisinier, ces vingt prochaines années vont vous booster dans ce sens !

La période 9 est également une époque de passion accrue. Chaque action sera marquée par une intensité émotionnelle puissante : « entreprendre avec panache ou ne pas entreprendre », tel pourrait être le credo de ces vingt ans que nous traversons.

Exprimer ses émotions, vivre avec authenticité et suivre ses passions : le Feu nous accompagne dans cette vibration. Cette époque valorise la sincérité, nous incitant à être vrai avec nous-même et avec les autres. N'oubliez pas que sinon le Feu pourrait vous brûler…

Les disciplines holistiques, énergétiques, les domaines du coaching de carrière, du développement personnel, de la lithothérapie, et des disciplines non conventionnelles comme l'énergétique et la guérison, ainsi que la spiritualité et le Yi Jing, le Feng Shui, gagneront en popularité.

De plus en plus de personnes chercheront à apprendre et à intégrer ces pratiques dans leur vie quotidienne, cherchant à harmoniser leur énergie personnelle avec celle de l'Univers.

L'esprit communautaire va également se développer tout au long de cette période.

En superposant les trigrammes Li et Qian de la période 9, on forme l'hexagramme « la communauté avec les hommes ». Cela favorisera un fonctionnement d'entraide en communautés autosuffisantes, avec des marchés locaux de denrées alimentaires et de petites structures communautaires.

Bien sûr, le monde virtuel et l'IA vont continuer leur progression : avec Li comme nouveau trigramme considéré comme un Gua[1] vide (la deuxième ligne est creuse), tout ce qui est virtuel prendra de l'importance. Cela inclut les jeux vidéo, les formations en ligne, les sports en ligne et le développement d'applications et de sites marchands.

Les chaînes comme YouTube et les nouveaux supports audiovisuels vont également connaître un essor toujours plus grand.

Je suis encore de l'ancienne génération qui regarde la télévision ! Le fils de mon compagnon, qui a 12 ans, ne l'a certainement pas allumée depuis qu'il est né. En revanche, il connaît tous les Youtubeurs !

J'ai découvert grâce à lui Inoxtag, dont je n'avais jamais entendu parler, qui a produit son documentaire sur YouTube, *Kaizen*.

---

1. Le Gua est calculé à partir de la date de naissance. C'est une carte énergétique individuelle qui permet de savoir quelles directions, quels espaces ou quelles vibrations sont en harmonie pour soi, et lesquelles demandent plus de vigilance.

Il s'était lancé comme défi de gravir l'Everest en 2024. Il s'est entraîné durement pour arriver à son objectif. Il a troqué les claviers pour les visages, les écrans pour les regards. En quittant son ordinateur, il a ouvert une porte sur de nouvelles expériences et de nouvelles relations. Cette décision a été le point de départ d'une quête pour tisser des liens authentiques avec autrui et découvrir la richesse des interactions humaines. Dans son documentaire, on ressent réellement que cette décision a été le début d'un voyage initiatique, une quête de sens et d'épanouissement personnel.

Il a gravi le sommet en mai 2024, durant l'année du Dragon, qui est l'animal du zodiaque chinois qui nous pousse à réaliser nos rêves, le mois de mai étant celui du Serpent qui est le grand spirituel des douze animaux.

La période 9 est une ère de transformation éclairante, où la lumière du Feu apporte clarté, passion et un fort mouvement vers un monde plus équilibré et spirituellement éveillé. Cette période nous invite à sauter les deux pieds dans le changement, à rechercher la vérité intérieure et à vivre avec un cœur ouvert : accueillons les opportunités quand elle se présentent et relevons les défis les plus fous !

Mais vous aurez également compris que comme tous les éléments, le Feu a son côté sombre… La violence par les armes à feu et les guerres peuvent s'accentuer : c'est le côté obscur du Feu…

Il sera important de regarder si nos actions sont guidées par l'amour et par ce que nous ressentons profondément dans notre cœur ou si elles sont simplement des réactions face à une situation donnée, face à une peur, à de la colère ou à tout autre émotion qui nous dérange.

Changer le monde, voilà ce que nous promet cette nouvelle ère.

Un défi à la hauteur de l'énergie Feu, qui va nous propulser vers des sommets inédits de nous-même.

CHAPITRE

1

L'ÉNERGIE D'ÉVEIL : S'OUVRIR À LA DIMENSION INVISIBLE

Un coup de tonnerre dans ma vie

•

Un emménagement Feng Shui inattendu

•

La trinité cosmique et la philosophie chinoise

•

Tout changement commence par une ouverture. Avant de transformer quoi que ce soit dans notre vie, il nous faut d'abord réapprendre à sentir, à percevoir, à recevoir. L'énergie d'Éveil est cette brèche qui s'ouvre en nous lorsqu'on se reconnecte à l'invisible : les intuitions, les synchronicités, les messages subtils que notre mental a appris à ignorer.

Cette énergie agit comme un révélateur. Elle nous montre que la vie ne se limite pas à ce que l'on voit ou à ce que l'on contrôle. Elle nous reconnecte à notre sensibilité, à notre féminin intérieur, à l'accueil. L'éveil est la première porte de toute transformation, car il nous place dans une posture d'écoute profonde.

Dans ce chapitre, vous découvrirez comment cette ouverture s'est faite dans mon propre parcours. Il pose les bases de ce lien entre visible et invisible qui sous-tend tout le cheminement énergétique présenté dans ce livre.

Un coup de tonnerre dans ma vie

Il y a maintenant plus d'une quinzaine d'années, ma vie a été bouleversée…

De l'extérieur, tout allait bien : j'avais un métier merveilleux avec une belle reconnaissance, je gagnais très bien ma vie, je vivais dans un appartement luxueux, je voyageais aux quatre coins du monde dans les plus beaux hôtels… J'étais mariée.

Une vie de rêve. Oui, mais…

Quand j'ai eu 25 ans, ma maman adorée est tombée. Elle s'est effondrée à mes pieds…

« Votre mère a une double tumeur au cerveau, Madame, c'est très grave… Je ne sais pas si je vais pouvoir l'opérer. Si je l'opère, je ne sais pas si elle s'en sortira. Et si elle s'en sort, je ne sais pas quelles seront les séquelles. »

Ces mots résonnent encore aujourd'hui dans ma tête. Une sentence inacceptable.

Elle est « tombée » du jour au lendemain… Enfin, c'est le sentiment que mon père et moi avons eu.

Ma maman a été opérée, mais les suites de l'opération ont été plus compliquées que prévu. Elle a d'abord perdu ses capacités physiques, puis ses capacités mentales.

Très vite, elle ne pouvait plus communiquer.

Elle qui était une amoureuse des lettres, une intellectuelle pétillante au grand cœur, elle ne pouvait plus s'exprimer.

Le choc de ma vie.

Mon monde plus que parfait a basculé en une fraction de seconde, en un claquement de doigts.

Bien sûr, il a fallu réagir et gérer… Gérer l'immense tristesse, le chagrin qui vous immobilise, la peine qui vous submerge, qui vous coupe cette respiration de vie… à chaque instant.

Avec mon père, nous faisions face… face à tout. Les allers-retours à l'hôpital, les médicaments, le désarroi, l'impuissance médicale, maman qui ne nous reconnaissait plus…

J'ai encaissé comme j'ai pu cette déflagration de vie.

Je me suis réfugiée dans le travail. J'ai travaillé, travaillé, travaillé et encore travaillé.

Je me suis toujours passionnée pour les méandres de l'esprit humain, ce qui m'a conduite à doubler mon cursus de droit avec une spécialisation en psychologie et psychiatrie… criminelle !

C'est à Bordeaux, non loin de ce cher bassin d'Arcachon dont je suis originaire, que j'ai fait mes sept années d'études de droit. Des études passionnantes, mais, dans la « vraie vie », comme dirait mon petit filleul, ma grande sensibilité a été malmenée après un stage dans un commissariat.

J'ai vu de mes yeux… le malheur, la douleur.

C'était pour moi trop dur d'être confrontée au noir de l'âme humaine en permanence.

J'ai, entre autres, du Serpent de Feu dans mon thème natal ; mon besoin de lumière est essentiel pour illuminer à mon tour.

Le Serpent de Feu est en quelque sorte mon animal « totem » : c'est une énergie qui est abîmée à la naissance et que je dois reconquérir tout au long de mon existence. Je l'appelle mon « point de guérison ».

Il représente le mouvement, la puissance, le magnétisme, la reconnaissance et la guérisseuse blessée… Tout un programme ! C'est l'une des énergies les plus puissantes de l'astrologie chinoise.

Ce Serpent est le point de fragilité de ma carte du ciel, qui est également ma plus grande force une fois que je l'ai intégrée… après, bien sûr, avoir voulu la nier, la combattre…

J'y reviendrai par la suite…

La criminologie m'éloignait trop de cette lumière vitale pour moi.

J'avais l'impression que mon esprit s'obscurcissait, j'étais envahie par des idées sombres et noires.

J'ai alors pensé retrouver cette lumière en travaillant dans le milieu du spectacle.

Je suis donc venue à Paris pour devenir assistante dans une des plus grosses agences artistiques de France.

J'ai tout de suite adoré la diversité de ce job. Bien sûr, il y avait la partie juridique de rédaction et de négociation des contrats qui relevait de ma formation initiale, mais aussi et surtout, le rapport avec les artistes.

Comprendre leur fonctionnement, leur façon d'agir, leurs fragilités, les rassurer entre deux projets, les aider à se révéler à eux-mêmes, leur trouver les scénarios les plus pertinents pour leur carrière, tout ça m'habitait totalement !

J'adorais ce métier et les voir s'épanouir dans leur passion était ma plus belle récompense.

Au bout de deux ans, je quitte cette grande agence pour monter ma structure.

Je la dirigerai pendant huit ans, avec le sentiment d'avoir créé une famille. Pour faire un rapprochement avec l'astrologie chinoise, le Chien de Terre Yang est l'animal qui correspond à mon pilier du jour, c'est-à-dire à mon jour de naissance (le 9) et surtout à la personne que je suis profondément, à ce qui me caractérise.

La combinaison du Chien avec la Terre Yang me donne un attachement très particulier aux liens, aux racines et à la famille de naissance, mais aussi aux familles que l'on décide de se créer.

En dix ans, j'ai fait le tour de ce métier incroyable, j'ai rencontré des personnes hors norme avec lesquelles j'ai tissé des liens amicaux, émotionnels et professionnels intenses. Pourtant, j'ai eu envie de passer à autre chose.

Je sentais qu'une page de ma vie se tournait et que j'étais arrivée au bout de ce chapitre. À l'époque, je ne savais pas du tout que ce désir d'évolution correspondait à un changement que l'on nomme « changement de pilier », extrêmement important en astrologie chinoise. À 34 ans, le pilier que l'on appelle Maître du Jour s'installait pendant dix-sept ans dans ma vie pour la transformer totalement…

Un emménagement Feng Shui inattendu

La rencontre avec mon appartement a été le déclic.

J'ai fermé mon agence d'artistes, car j'avais fait le tour de ce métier.

Je n'avais rencontré personne qui avait la même vision que moi, tant humainement qu'artistiquement, pour envisager un partenariat professionnel.

C'était décidé, je changerais de vie, oui, mais quoi faire ? Je n'en avais aucune idée. Et dans mon entourage tout le monde pensait que c'était une folie... Mon Singe de Terre qui représente le lien à ma destinée professionnelle aime les folies ! Léonard de Vinci avait du Singe dans son thème : la vision d'un autre monde, d'un monde différent, inventer...

Seulement, quand les autres n'ont pas la même vision que vous, vous passez pour une originale ou une capricieuse.

À cette époque, je vivais en colocation avec mes deux amies d'enfance. Un jour, une de mes amies a eu de graves soucis financiers et n'a plus pu honorer le loyer... Je devais en trois mois trouver un autre lieu de vie...

Comment faire ? J'étais dans une situation extrêmement complexe, j'avais investi trop d'argent dans des projets d'écriture qui n'avaient pas abouti... Ah ! ce Singe de Terre qui me rend trop audacieuse et avant-gardiste !

Un matin, j'ai poussé la porte d'une toute petite agence immobilière, dans ma rue.

Je savais exactement dans quel lieu je voulais habiter : un appartement lumineux, sous les toits avec des poutres apparentes, des velux et une vue sur l'église Saint-Sulpice. Ça tombait bien, ils avaient ça en stock ! L'agence me proposait un appartement rue Guisarde, cette rue dans laquelle, dix ans auparavant, j'avais « senti » que j'habiterais. Dès que je suis entrée dans l'appartement, ça a été le coup de foudre, il était fait pour moi, j'étais faite pour lui et... je me sentais chez moi... enfin !

Il n'était pas plus grand, plus beau, plus spacieux que les autres endroits où j'avais habité auparavant. Il était inévitable.

J'ai emménagé un mois plus tard sans savoir comment j'allais payer mon loyer ni ce que j'allais faire pour gagner ma vie...

Mais j'avais la conviction profonde et inébranlable que j'étais dans le « bon » lieu de vie au bon moment.

C'est à cet instant précis que le monde des énergies est entré dans ma vie.

À partir de cet emménagement, ma vie n'a plus jamais été la même...

Je me souviens que je passais ma main sur le mur comme pour sentir sa respiration, la respiration de mon appartement, comme pour le sentir vivant... Et me sentir vivante.

En même temps, je me demandais pourquoi je ressentais une telle émotion quasi permanente dès que je franchissais le seuil... J'avais l'impression d'être à la fois en vacances, en retraite méditative, en créativité permanente...

Tout cela était bien beau, mais ne m'indiquait pas la façon dont j'allais payer mon loyer !

Alors j'ai cherché, j'ai passé des nuits à fouiller sur Internet, à chercher « énergie des lieux ». Un mot est apparu : Feng Shui. Et juste à côté de ces deux mots, j'ai trouvé Moune Jans : LA rencontre de ma vie. Celle qui est devenue mon Maître Feng Shui. Et tellement plus... Lorsque j'ai lu son nom, j'étais chez ma coiffeuse, que j'essayais encore à l'époque de convaincre que ma crinière serait beaucoup plus belle si elle ressemblait à celle de Tina Turner... Bien évidemment, elle n'a jamais accédé à ma demande ! Dans une prochaine vie, j'aurai les cheveux frisés, j'en pose la ferme intention !

Je décide sur-le-champ de me former à cette discipline dont je ne savais rien si ce n'est que c'était mon chemin.

C'était un jeudi du mois de septembre, l'été indien que j'affectionne tant. Il faisait beau et chaud et je décide d'appeler l'école dans laquelle officie Moune. La personne qui me répond, en charge des formations, m'informe qu'elle est en Italie et que la formation n'aura pas lieu, car je suis la seule élève. La déception totale...

Mais impossible ! Je « savais ». C'était pour moi : cette transmission devait avoir lieu le lundi comme c'était indiqué sur leur site. Alors j'ai fait le plus grand forcing qu'il m'ait jamais été donné de faire : « Dites à Moune Jans que je suis Nathalie Calvet et qu'elle ne peut pas refuser, elle doit absolument venir me transmettre cet art ancestral ! » Improbable, mais le lundi à 8 heures Moune Jans a sonné à la porte de mon appartement adoré, comme une apparition divine envoyée sur mon chemin de vie pour éclairer tout ce que je n'avais pas compris jusqu'alors, tout ce qui m'était caché.

Ses paroles sont à jamais gravées dans ma mémoire : « Bonjour, je suis Moune Jans, j'ai entendu votre appel et je suis venue vous transmettre tout mon savoir. »

Moune est une personne exceptionnelle… Rencontrer quelqu'un comme elle dans votre vie est une chance extraordinaire, au-delà de tout. « Quelqu'un comme elle », ça n'existe pas, en fait.

Pendant le confinement, elle est venue me rendre visite pour quelques jours dans ma maison à Arcachon et est finalement restée un mois et demi ! Des moments bénis incroyables.

Nos échanges diurnes et nocturnes sans discontinuer ont été un enchantement, une parenthèse merveilleuse dans cette année si particulière…

Je ne la remercierai jamais assez d'exister et d'avoir accepté que nous soyons liées dans cette vie (et les autres) pour diffuser les sciences taoïstes.

Mon appartement a été lui aussi imprégné en quelque sorte des énergies liées à cette transmission puissante et intense du Feng Shui.

J'ai aimé et été aimée dans ce lieu, j'ai fait des fêtes à ne plus savoir quel jour elles avaient commencé et si elles avaient eu vraiment une fin ! J'ai hébergé les amis en détresse et en liesse. J'ai créé des projets artistiques fous sur mon canapé. J'ai ri, pleuré, vibré et l'appartement vivait toutes ces émotions avec moi, car lui et moi n'étions qu'un. C'est ça, le Feng Shui : la maison miroir qui nous correspond et nous fait avancer à un moment donné de notre vie afin que nous soyons sur notre chemin.

Je sais que cela peut paraître étrange, mais nous habitons toujours un lieu pour comprendre, traverser des aspects de nous qui nous sont inconnus, ce que l'on nomme en astrologie chinoise les « troncs cachés » : ces ressources enfouies au plus profond de nous et qu'il nous est difficile d'atteindre de prime abord.

Tous ceux qui m'aiment ont aimé ce lieu. Et quand j'ai dû le quitter, m'en séparer par raison, j'ai eu la sensation que je perdais une partie de moi. Et que je ne la retrouverais jamais.

Une déchirure dans mon cœur. Comme si je perdais un être cher.

Depuis 2024, et après avoir « subi » deux ans d'errance immobilière où je n'arrivais jamais à me poser, j'ai enfin trouvé un nouveau lieu de vie, une maison en bois… qui me fait travailler sur ma part créative et qui m'a permis d'écrire ce livre.

La trinité cosmique et la philosophie chinoise

Aujourd'hui, j'ai fait des sciences taoïstes mon métier, dans une démarche consciente d'harmonisation des êtres humains avec leur lieu de vie.

Ma pratique vise à établir un équilibre optimal entre le thème astral d'une personne et son lieu de vie, qu'il soit personnel ou professionnel.

On arrive sur cette Terre avec une empreinte énergétique unique, comme une sorte de carte aux trésors de notre déroulé de vie avec, sur la route, les grandes lignes de notre destinée. Cette empreinte est constituée par un ensemble de connexions énergétiques à travers les cinq éléments et les douze animaux du zodiaque chinois.

Si vous avez une énergie Bois dominante dans votre thème (par exemple, du Tigre de Feu, le Tigre étant un des deux animaux avec une énergie Bois), habiter dans une maison en bois va vous déséquilibrer davantage.

En revanche, n'ayant pas cet élément dans mon thème, mon rêve a toujours été d'habiter dans une maison en bois et, à 46 ans, c'est aujourd'hui le cas !

Car, dans la pensée chinoise, les humains vivent sous le ciel et sur la terre.

Ils font partie d'un ensemble indissociable, c'est ce que l'on appelle la trinité cosmique ou les Trois Chances : CIEL–HUMAIN–TERRE.

À chacun de ces aspects correspondent une qualité et une « chance » particulière avec des outils pour agir de façon concrète et spécifique.

J'adore ces trois « chances », car elles nous permettent d'être tous des acteurs de notre vie et non de la subir !

La chance céleste – LA CHANCE DU CIEL « TIAN » : le Temps

La Chance du Ciel, liée au Ciel antérieur (ce que l'on peut identifier comme le karma), représente l'essence même de notre être et le potentiel infini qui réside en nous. Ce concept englobe toutes les possibilités qui existaient avant notre naissance, avant que notre esprit ne prenne forme dans un corps physique. Il s'agit des conditions qui ont façonné notre âme et des opportunités qui se présenteront à nous au cours de cette vie.

D'un point de vue taoïste, la destinée est quasiment fixe : on naît homme ou femme, ici ou là, dans tel ou tel environnement social, culturel…

C'est la destinée, le karma… Nous ne naissons pas vierges : nous naissons dans une famille nombreuse ou au contraire réduite, un milieu social, un pays particulier, avec telles caractéristiques physiques ou telles façons de se comporter. Pour les Asiatiques, ce « sac à dos karmique » dépend de ce que nous avons accompli dans nos vies précédentes.

Le Ciel antérieur porte les traces de nos vies passées, des expériences et des choix qui ont façonné notre âme. En comprenant notre karma, nous pouvons identifier les schémas répétitifs, les talents cachés et les leçons à apprendre au cours de cette existence.

Chacun d'entre nous possède des dons et des talents uniques, hérités du Ciel antérieur. Identifier ces potentialités nous permet de les développer et de les utiliser pour contribuer positivement au monde.

Cette Chance du Ciel peut nous éclairer sur le sens de notre vie et sur la mission de notre âme. En comprenant notre raison d'être, nous pouvons nous diriger vers un chemin plus épanouissant et authentique.

On peut connaître en partie sa destinée par sa carte astrologique, ou code du destin, qui est représentée par les BaZi et grâce auxquels on peut activer cette Chance du Ciel. C'est l'astrologie des quatre piliers qui est, en quelque sorte, la boussole de notre destinée.

C'est la relation qui s'établit entre les quatre piliers qui est importante : les harmonies et les dysharmonies qui s'instaurent entre les animaux et les éléments qui habitent notre carte du ciel.

Le but est toujours d'aboutir à une énergie fluide, car plus l'énergie est fluide, plus les choses paraissent faciles, simples et évidentes. La fluidité suppose un équilibre entre ces différentes qualités d'énergie (une énergie en excès ou en manque déséquilibrerait l'ensemble).

Tout ce qui permet d'apurer, de purifier le mauvais karma améliorera la destinée future et transformera la chance du Ciel.

Mais la personne est-elle en accord avec ce qu'elle fait ?

La chance humaine – LA CHANCE DE L'HUMAIN « REN » : la Personne

L'humain a les moyens d'agir, de se transformer sur tous les plans : spirituel, psychologique, physique, intellectuel.

Les moyens que nous mettons volontairement en œuvre pour conduire notre vie, nous développer, sont liés à la Chance de l'Humain.

La Chance de l'Humain représente tout ce qui est physique et psychologique, ce qui est lié à notre incarnation : nous pouvons agir sur la Chance de l'Humain.

Celle-ci permet de transformer notre potentiel dans la réalité grâce à l'action et à l'apprentissage en concrétisant notre potentiel et en saisissant les opportunités qui se présentent à nous.

La Chance de l'Humain représente l'effort fourni, l'éducation reçue, le développement de la compréhension et la volonté indéfectible de mettre en œuvre ses ressources pour obtenir les résultats escomptés. C'est le moteur qui transforme les rêves en réalité et les aspirations en accomplissements.

Elle exige des efforts soutenus, une persévérance inébranlable et une volonté de se dépasser pour surmonter les obstacles et atteindre ses objectifs. Du courage !

L'acquisition de connaissances et le développement de compétences sont essentiels pour saisir les opportunités et les exploiter pleinement. L'éducation ouvre de nouvelles portes et permet d'explorer des chemins jusque-là inaccessibles.

Cette opportunité pour l'humain n'est pas statique : elle se construit et se façonne au fil des expériences, des réussites et des échecs. Chaque étape de la vie est une occasion d'apprendre, de grandir et de se rapprocher de ses objectifs.

Cette Chance ne se limite pas à la réalisation de ses propres aspirations. Elle implique également une volonté de contribuer positivement au monde, d'aider les autres et de laisser un héritage durable.

Le *Yi Jing* est la discipline qui peut nous éclairer sur la Chance de l'Humain.

Le *Yi Jing* est le *Livre des transformations* : c'est l'ouvrage le plus ancien du taoïsme.

Il décrit la cosmologie taoïste, c'est-à-dire les règles de fonctionnement de l'Univers, de la nature et de la vie sur Terre.

Grand livre classique de la pensée chinoise, le *Yi Jing* témoigne d'une vision essentiellement dynamique de l'univers dans laquelle aucun état n'est fixe ni stable, tout est en perpétuel mouvement. Aux moments délicats et douloureux succèdent la joie et le bonheur !

Dans les moments les plus difficiles de ma vie, j'ai toujours ressenti ce mouvement comme un balancier qui peut faire pencher de la lumière à l'ombre et vice versa.

Ces mutations infinies y sont représentées au travers des soixante-quatre hexagrammes qui offrent des réponses concrètes à la personne en quête de connaissance et d'intuition profonde.

Notre volonté peut changer notre destinée (notre carte BaZi) et nous donner la force de transformer notre Feng Shui, la Chance de la Terre.

La chance terrestre – La Chance de la Terre « DI » : la Maison

L'humain naît, meurt, vit, aime et travaille dans un espace qui a une qualité énergétique lui étant propre et celle-ci interagit avec la structure de chaque personne.

Suivant les espaces que nous occupons, cette interaction est plus ou moins favorable, elle nous aide plus ou moins sur tel ou tel plan.

L'espace que nous occupons et les éléments qui l'entourent influencent notre énergie et nos choix. Un environnement harmonieux et propice favorise la concrétisation de nos objectifs, tandis qu'un espace chaotique ou déséquilibré peut créer des obstacles.

Les humains interagissent avec ces Qi. Chez les Asiatiques, le Qi est l'énergie présente dans chaque chose : un arbre, un meuble, une personne, un animal…

Il est toujours plus délicat d'harmoniser énergétiquement une maison de vacances ou de famille, car elle n'est ouverte que quelques semaines pendant l'année. Le reste de l'année, le Qi de la maison ne peut pas se mettre « en mouvement », car il n'est pas activé par la présence de l'humain.

J'ai eu une consultante qui m'avait demandé de venir faire une expertise Feng Shui dans sa maison, qui était dans la famille depuis sept générations. Avec tant de Qi différents, cette maison en avait vu des vertes et des pas mûres !

L'été quand elle arrivait avec sa famille, il y avait toujours un souci avec l'eau : les tuyaux avaient cédé pendant l'hiver, les toilettes avaient débordé…

C'est elle qui avait souhaité, au décès de ses parents, conserver ce lieu contre l'avis de ses sœurs, qui trouvaient que la maison engendrait beaucoup trop de frais.

Ma cliente avait de gros soucis financiers quand elle est venue me consulter… et des soucis rénaux, que je découvris en allant sur les lieux.

En effet, l'argent est lié à l'énergie de l'Eau dans le cycle des cinq éléments, raison pour laquelle installer une piscine, un jacuzzi, un bassin pour les poissons, une fontaine ou un aquarium est ce qu'il y a de plus compliqué en Feng Shui (j'y reviendrai par la suite).

Cette maison était dans la campagne et n'avait pas de point d'eau particulier dans ses extérieurs.

Hormis un mauvais entretien des canalisations, je ne voyais pas ce qui pouvait expliquer ces soucis récurrents… Et j'ai eu l'idée d'aller voir la maison de ma cliente, celle dans laquelle elle vivait toute l'année. Quelle ne fut pas ma surprise lorsque je vis un jacuzzi totalement disproportionné aux dimensions du jardin !

Après avoir pris les mesures avec mon Luo Pan, je m'aperçus qu'il était positionné dans un endroit énergétique qui demandait du Feu et non de l'Eau.

Depuis qu'elle l'avait fait installer, ma cliente avait des cystites à répétition et les médecins n'en trouvaient pas la cause.

Je lui ai conseillé de déplacer le jacuzzi à un autre endroit du jardin avec des arrivées et des sorties d'eau nouvelles.

Ses soucis rénaux ont disparu très rapidement après ce changement et sa maison de vacances ne subit désormais que de petits tracas dus au fait que la maison en soit pas plus ouverte tout au long de l'année.

Ses finances se portent aujourd'hui beaucoup mieux, car l'ancien emplacement du jacuzzi crééait une fuite énergétique et financière importante, ce qui a été stoppé par son déplacement.

Le Feng Shui permet donc de connaître ces Qi et de les modifier quand cela est possible.

Il nous permet de concrétiser nos aspirations grâce à la compréhension des Qi.

La Chance de la Terre est liée au Ciel postérieur et représente tout ce qui se matérialise dans le monde tangible. Elle englobe notre lieu de vie, nos conditions d'existence et l'environnement qui nous entoure.

L'analyse du Feng Shui permet de déceler les potentialités et les contraintes de notre environnement. En identifiant les zones favorables et défavorables, nous pouvons optimiser l'aménagement de notre espace pour mieux servir nos aspirations.

Le Feng Shui permet également d'identifier et de neutraliser les éléments perturbateurs dans notre environnement. Il s'agit de corriger les déséquilibres énergétiques, de purifier l'espace et de créer un flux d'énergie harmonieux.

Il nous enseigne à tirer parti des forces de la nature pour optimiser notre environnement. L'orientation de notre lieu de vie, la disposition des meubles, l'utilisation des couleurs et des matériaux, tout cela contribue à créer un espace propice à notre bien-être.

L'utilisation des cinq éléments, que cela soit l'élément lui-même ou les formes, les couleurs, les odeurs, les symboliques, les sons, matérialisent une énergie venue de l'extérieur pour l'intégrer dans l'intérieur du lieu.

La Chance de la Terre est un outil puissant pour concrétiser ses rêves !

Cette dimension trinitaire est essentielle, car ces trois Chances de la vie sont liées dans un tout indissociable : l'astrologie chinoise, le Feng Shui et la façon dont nous orientons et potentialisons notre vie.

En connaissant notre thème, nous pouvons donc analyser nos modes de fonctionnement et modifier ce qui n'est pas (plus) en accord avec nous : le Feng Shui nous accompagne au sein de notre lieu de vie pour transformer nos énergies dans une démarche d'harmonisation et d'apaisement de qui nous sommes.

Ce livre est un outil pratique pour comprendre comment, grâce au Feng Shui (la Chance de la Terre) et à l'astrologie chinoise (la Chance du Ciel), il est possible pour toute personne (Chance de l'Humain) qui en a le désir profond de transformer sa vie : *you can do it* !

Cet ouvrage vous donnera des clés de compréhension de votre personnalité, de votre qualité émotionnelle avec l'astrologie chinoise, qui pose le diagnostic de qui vous êtes et des possibilités de vous développer. Le Feng Shui agira comme remède pour ancrer les solutions trouvées grâce à votre carte du ciel.

J'ai imaginé ce livre comme un guide pratique pour vous aider à libérer tout votre potentiel et exploiter au maximum vos ressources.

Vous y trouverez les clés de compréhension pour activer vos capacités cachées et atteindre vos objectifs.

Ce livre s'appuie sur mon expertise de plus de quatorze ans en Feng Shui et en astrologie chinoise pour vous offrir une vision approfondie de ces disciplines outils et de leurs applications concrètes.

Je m'appelle Nathalie Calvet, je suis née le 9 août 1977 à 20 h 15 à Arcachon.

Le Feng Shui et l'astrologie chinoise ont métamorphosé ma vie… et peuvent aussi métamorphoser la vôtre !

CHAPITRE

2

L'ÉNERGIE DE CLARTÉ : DÉCODER SA DESTINÉE AVEC L'ASTROLOGIE CHINOISE

La destinée et le libre arbitre

•

Les fondements de l'astrologie chinoise

•

Les quatre piliers de la destinée

•

Comprendre sa destinée ne revient pas à figer son avenir, mais à clarifier les lignes de force de son existence. L'énergie de Clarté nous invite à poser un regard lucide sur ce que nous sommes venus vivre, sur nos potentiels comme sur nos blocages. Cette compréhension fine passe par une lecture précise de notre thème BaZi, la carte énergétique de notre naissance.

L'astrologie chinoise n'est pas un outil prédictif : c'est une boussole. Elle nous montre d'où nous venons, ce qui nous influence, ce que nous avons à comprendre pour avancer avec plus de conscience. L'énergie de Clarté permet d'éclairer des zones de flou, de mettre des mots sur des ressentis et de mieux se positionner.

Ce chapitre vous guide pas à pas dans la découverte de votre carte astrologique chinoise. En comprenant les fondements de votre profil énergétique, vous serez en mesure de décrypter vos dynamiques personnelles, de mieux comprendre vos talents innés, ainsi que les défis spécifiques que vous êtes destiné à relever.

Cette compréhension de votre énergie cosmique vous permettra de vous aligner plus facilement avec votre mission de vie et d'utiliser efficacement les forces naturelles à votre disposition. Ainsi, vous transformerez votre destinée en une source consciente et durable de succès personnel, professionnel et spirituel.

La destinée et le libre arbitre

Le concept de destinée dans le taoïsme est totalement différent de celui existant dans les autres philosophies.

En Occident, la destinée est une donnée non maîtrisable.

En Asie, la réalisation de notre destinée ne repose pas sur une fatalité, comme c'est souvent perçu dans la pensée occidentale.

Elle dépend plutôt de notre capacité à comprendre notre potentiel et à exploiter intelligemment nos ressources.

Au Japon, la pratique du Kaizen, qui signifie « amélioration continue », encourage les individus à maximiser leur potentiel en apportant de petites améliorations constantes dans tous les aspects de leur vie. De même, en Inde, le Jyotish, ou astrologie védique, est couramment utilisé pour comprendre les tendances de la vie d'une personne, lui permettant ainsi de prendre des décisions éclairées concernant sa carrière, ses relations et son développement personnel.

Ainsi, la culture asiatique met l'accent sur la compréhension et l'optimisation de son propre potentiel pour réaliser sa destinée, plutôt que de la considérer comme une suite inévitable d'événements prédéterminés : on peut donc agir sur notre destin !

Le Tao est la voie, la vie est une voie et la destinée aussi.

Néanmoins, la voie que nous prenons dans la vie est le résultat de décisions que nous mettons en œuvre, d'actions que nous menons, de pensées que nous dirigeons dans un but fixé, de valeurs que nous défendons…

Quand on parle de « destin » ou de « destinée », faut-il entendre par là que tout est prédéfini et déterminé dès lors que l'on pousse notre premier cri sur cette terre ? Ai-je un réel pouvoir de prise de décision, d'action, de mise en mouvement ?

Quid du libre arbitre ?

La dualité est présente dès notre naissance avec le ming et le xing qui représentent un des principes les plus importants de l'alchimie interne taoïste.

Il s'agit toujours d'un travail sur la bipolarité de l'être humain.

Le xing représente la nature profonde de l'humain, son caractère inné. L'étymologie du caractère xing inclut l'esprit et le cœur, combinés avec le caractère pour la naissance. Ainsi, le xing, situé dans le cœur, désigne les qualités et la nature que l'on reçoit à la naissance, il représente notre nature intime et émotionnelle, tandis que le ming, situé dans les reins, symbolise notre vitalité et notre capacité à réaliser nos aspirations profondes, nos envies, à agir concrètement.

L'idéogramme de xing est composé du caractère du cœur (xin) et de celui de la vie (sheng). Souvent traduit par « nature intime », il peut être compris comme la « vie du cœur », incluant le cœur (aspect émotionnel) et l'esprit (aspect conscient). Xing représente notre maturité et nos structures de conscience.

Le ming (命), souvent traduit par « destin » ou « commandement céleste », a une étymologie qui correspond à l'idée de rendre concret notre chemin de vie.

C'est notre véhicule pour avancer dans la vie : sans lui, rien n'est possible. Le destin, ou ming, est donc l'aspect vital des choses. Il nous rappelle notre devoir essentiel de maintenir notre vitalité (sommeil, gestion des rythmes, alimentation, sexualité, etc.). Ming représente l'axe de notre force vitale, notre pouvoir personnel que l'on matérialise dans la vie de tous les jours.

Travailler sur le xing sans tenir compte du ming pourrait nous rendre spirituellement éveillés, mais physiquement le corps serait trop fragile pour incarner nos aspirations dans le monde matériel. Inversement, se concentrer uniquement sur le ming pourrait nous rendre physiquement forts, mais spirituellement inconséquents, uniquement dirigés vers les aspects matériels de la vie.

La double culture du xing et du ming est donc essentielle pour atteindre un équilibre harmonieux. Elle nous invite à cultiver notre nature profonde et notre vitalité de manière simultanée, permettant ainsi une croissance complète et équilibrée de notre être. L'accord du ming et du xing nous permet de vivre en accord avec nous-même pour réaliser notre plein potentiel et s'aligner sur notre destinée.

Avoir la force vitale pour s'élever spirituellement

Si nous nous concentrons uniquement sur le xing, nous n'aurons pas la force nécessaire pour nous élever spirituellement. Si nous ne travaillons que sur le ming, nous resterons des animaux humains, forts mais sans but supérieur.

Le BaZi est la discipline qui permet d'éclairer les circonstances de vie, les forces et les énergies subtiles de notre ming. En en prenant conscience, nous devenons acteurs de notre vie, cessons de subir notre destin et choisissons notre destinée.

Le terme chinois pour destinée, *yun*, est souvent traduit par « chance » ou « roue du destin ». Mais il peut aussi signifier « destin activé », incluant la marche, le mouvement, la direction et la détermination, sous-entendant travail et action.

Au fur et à mesure de ma pratique et des nombreuses consultations en astrologie chinoise, je peux vous dire qu'il n'existe pas de « bons » ou de « mauvais » thèmes : certaines personnes sont a priori mieux nées que d'autres, mais si elles ne mettent pas en mouvement l'énergie de leur ming, leur vie ne sera pas alignée avec leur xing.

Ainsi, en prenant conscience de nos forces et de nos faiblesses, nos choix et nos décisions deviennent plus conscients, nous permettant de reprendre le contrôle de notre chemin de vie.

Les fondements de l'astrologie chinoise

Le zodiaque chinois est l'un des systèmes astrologiques chinois qui est apparu entre le IXe et le Xe siècles ap. J.-C.

Mais l'observation du Ciel, des mouvements du soleil, des étoiles et des planètes remonte à plus de 4 500 ans et était une astrologie dédiée à l'empereur de Chine.

L'astrologie, liée à l'étude de la Terre avec les douze animaux et le cycle des cinq éléments (*Wŭ xíng*), appartient à la métaphysique chinoise.

Cette astrologie est liée à une tradition orale. Ce système ancestral s'est imposé au cours de la dynastie Zhou et a pris toute son ampleur au moment de la dynastie des Han (du IIe siècle av. J.-C. au IIe siècle ap. J.-C.) : c'est à ce moment que les animaux du zodiaque firent leur apparition.

Il existe ainsi une réelle connexion entre l'être humain et la nature qui lui permet de se mettre en action et ainsi de pouvoir avoir une vie épanouie.

Dans le BaZi les principes sont Yin ou Yang – la symbolique du Yin étant l'astre lunaire et la symbolique du Yang étant l'astre solaire.

Si vous avez un Singe de Feu Yang dans votre pilier du Jour, vous aurez un fort esprit de compétition et une volonté puissante de domination dans votre couple. Si votre Singe est de Feu Yin, votre autorité sera plus fragile et vous ressentirez le besoin que votre partenaire mette en valeur votre côté visionnaire.

Ce sont les combinaisons entre l'animal, l'élément et l'aspect Yin ou Yang qui vont déterminer vos qualités et vos fragilités.

Une différence importante avec l'astrologie occidentale est que l'astrologie chinoise ne se fonde pas sur le Soleil (on connaît tous notre signe solaire : le Lion, le Bélier, le Scorpion…), mais sur la Lune, avec les années lunaires.

Ce système étudie toutes les interactions possibles entre les douze animaux du zodiaque (que l'on nomme « Branches terrestres ») avec les cinq éléments et leur polarité Yin ou Yang (appelés dans un thème « Troncs célestes »).

Les dix Troncs célestes sont liés à l'aspect immatériel, au Ciel.

Chaque Tronc est le représentant d'un Trigramme avec un des cinq éléments et avec son aspect Yin ou Yang.

Les douze Branches terrestres sont, elles, représentatives de l'énergie de la Terre et de son aspect matériel.

Chaque Branche se constitue d'un animal avec un des cinq éléments et de son aspect Yin ou Yang.

En combinant ainsi les animaux et les éléments avec leur polarité ($12 \times 5 = 60$ ans pour les animaux et $5 \times 2 = 10$ ans pour les cinq éléments), on peut calculer notre thème astrologique.

Le cycle des signes de l'horoscope chinois est de douze ans au lieu de douze mois.

Cette astrologie traditionnelle est donc liée à la Terre et repose sur les douze animaux du zodiaque chinois avec leurs caractéristiques, leurs potentiels, leurs fragilités : le Rat, le Buffle, le Tigre, le Lièvre, le Dragon, le Serpent, le Cheval, la Chèvre, le Singe, le Chien et le Cochon.

Les cinq éléments (le Feu, la Terre, le Métal, l'Eau et le Bois) interagissent avec nos animaux et avec les principes Yin et Yang.

La lecture d'un thème réside dans l'art d'équilibrer les énergies des éléments et des animaux qui constituent nos énergies.

Mais comment l'ordre des animaux a-t-il été déterminé ? Pourquoi le Rat est-il l'animal qui débute le zodiaque chinois ?

Les histoires magiques commencent toujours par « Il était une fois »…

Il était une fois l'Empereur de Jade…

Pour déterminer la place de chaque animal dans le zodiaque, la légende raconte que l'Empereur de Jade a décidé d'une course avec tous les animaux du royaume pour savoir lequel arriverait en premier à la porte du Ciel.

Il y avait un obstacle majeur pour que les animaux puissent arriver à leur but : traverser la rivière…

Aussi le Rat demanda-t-il au Buffle s'il pouvait monter sur son dos, car il avait peur de se noyer. Une fois qu'ils furent presque arrivés, le Rat sauta sur la rive et arriva ainsi le premier.

Le Buffle fut donc le deuxième animal, suivi par le Tigre et le Lièvre, très vifs tous les deux. Le Tigre partit plus tôt que le Lièvre, car il se lève tôt et devança ainsi son ami le Lièvre !

Le Dragon pensait qu'il allait arriver le premier, étant le seul animal à voler, mais il partit en retard et n'arriva que cinquième.

Le Serpent, qui s'était endormi au soleil, prit la sixième position.

Le Cheval fougueux s'était trompé de chemin au départ et arriva donc septième.

La Chèvre, le Singe et le Coq unirent leurs forces et arrivèrent huitième, neuvième et dixième de la course grâce aux calculs du Coq pour construire un radeau et à la vision du Singe pour prendre le bon axe de traversée. Heureusement que ces deux-là étaient présents pour aider la Chèvre, qui ne pensait qu'à décorer le radeau de fortune !

Le Chien, quant à lui, occupé à aider le Cochon qui avait fait un repas de trop comme à son habitude, arriva onzième et le Cochon termina la course.

Et c'est ainsi que la roue des animaux du zodiaque fut créée !

Les quatre piliers de la destinée

Le BaZi, qui signifie « huit caractères » ou « quatre piliers de la destinée », permet d'analyser les potentiels, la personnalité, les capacités et les tout petits défauts d'une personne à partir de sa date de naissance (année, mois, jour, heure et lieu) !

Son objectif est donc d'identifier et d'analyser la nature profonde de l'individu pour lui permettre de mieux se comprendre, de mieux s'accepter et de faire des choix alignés avec sa véritable identité.

Dans le BaZi, les Branches terrestres du diagramme sont composées de quatre piliers appelés pilier de l'heure, pilier du jour, pilier du mois et pilier de l'année.

Ces quatre aspects permettent de comprendre la circulation des cycles du Qi (l'énergie) présente au moment de notre naissance.

C'est la lecture de ces quatre piliers dans leur globalité qui nous permet une compréhension de notre personnalité.

En aucun cas, une personne ne peut être réduite à un animal ou à un élément. Les personnes qui ne connaissent pas l'astrologie chinoise me disent souvent : « Je suis Chien ! Je suis Tigre ! » Or cet animal ne correspond qu'à une infime partie de qui vous êtes.

Êtes-vous Chien de Feu Yang dans l'année ou Chien de Bois Yin dans le jour ?

Chaque pilier a une importance particulière et représente une énergie à activer afin de se mettre en mouvement dans un domaine de vie spécifique : l'énergie du mois de naissance activera par exemple le domaine professionnel, tandis que l'énergie du jour de naissance sera liée aux qualités que la personne recherche chez un amoureux.

Chaque pilier est composé de la façon suivante : en haut le Tronc céleste, au milieu les Branches terrestres et en dessous les Troncs cachés.

Chaque pilier correspond à différents aspects de la vie d'une personne, ainsi qu'à une période de sa vie.

C'est à partir de la date et du lieu de naissance d'une personne que l'on construit son thème astrologique chinois.

De ce calcul découlent les piliers du jour de naissance, du mois de naissance, de l'année de naissance et de l'heure de naissance.

Le thème sert également à définir des éléments clés à venir.

L'astrologie chinoise est un formidable outil de compréhension de soi, mais aussi des autres.

L'analyse de la structure BaZi d'une personne révèle la compatibilité, les conflits, les « clashs », les combinaisons et les interactions entre les animaux et les éléments qu'elle a dans son thème, mais aussi comment ce même thème entre en interaction avec les énergies temporelles d'une année, d'un mois, d'un jour, d'une heure.

On peut ainsi comprendre pourquoi il y a des périodes de vie plus faciles que d'autres et comment optimiser les beaux moments et passer en douceur ceux qui le sont moins.

Quelqu'un qui connaît son thème peut révéler son potentiel et ses talents, dépasser ses fragilités, s'appuyer sur une énergie d'action pour débuter un projet ou au contraire prendre son temps avant de se lancer dans un nouveau chapitre de vie, être plus performant au travail, améliorer ses relations avec les autres, dépasser sa zone de confort, maximiser son talent et prendre des décisions éclairées…

Dans notre société, on veut toujours « faire », mais quand ça n'est pas le bon moment pour faire, rien ne se passe comme prévu !

Il existe un temps pour tout : se reposer, réfléchir à un plan d'action, commencer ou terminer un projet…

Le BaZi est là pour nous aider à comprendre cette notion de timing que les Asiatiques savent très bien maîtriser.

Sans oublier les connexions énergétiques (appelées « synastries ») entre deux ou plusieurs personnes pour permettre de mieux se comprendre avec son conjoint, améliorer ses relations de couple, les relations avec ses enfants, travailler en collaboration dans une société, dynamiser une équipe…

Cette astrologie m'a tout de suite passionnée, car je la trouve en même temps très poétique (ce qui nourrit mon Serpent de Feu Yin à merveille !) et très pratique (mon Chien de Terre Yang a besoin de structure et de choses simples à appliquer quotidiennement) à utiliser dans la vie de tous les jours.

J'ai remarqué que souvent les enfants demandent à leurs parents d'avoir un animal de compagnie. Et je me suis demandé pourquoi.

Avoir un animal permet de nous relier à notre émotionnel et à notre communication émotionnelle.

Les chats ou les chiens, animaux préférés des Français, font bien souvent partie intégrante de la famille et en sont considérés comme un membre à part entière.

Ne dit-on pas « tel maître, tel chien » comme « telle mère, telle fille » ?

La comparaison est de taille !

On a recours, en milieu hospitalier, à certaines thérapies comme l'équithérapie pour permettre aux patients de se connecter à leur dimension psychique et physique.

Le cheval Peyo à l'hôpital de Calais « choisit » les personnes en fin de vie qu'il accompagne…

Les animaux sont de véritables enseignants. Leurs petites habitudes rentrent en résonance avec nos comportements pour nous apporter des clés de compréhension.

La tradition amérindienne enseigne comment notre animal totem peut nous guider vers plus de sagesse et de compréhension de nous-même.

En astrologie indienne, chaque planète est liée à un animal qui constitue soit un remède aux effets néfastes de la planète, soit booste ses effets positifs.

Les animaux sont partout !

Après avoir fait une incursion en astrologie occidentale, je me suis tournée vers les sciences de la métaphysique chinoise qui convenaient nettement mieux au Serpent/Singe/Chien/Coq que je suis et qui étaient une continuité de ma pratique en Feng Shui depuis plus de douze ans maintenant… un cycle du zodiaque chinois !

Le zodiaque chinois, avec sa symbolique animalière et les éléments qui le constituent, est ludique, mais très concret : il y a des couleurs, des animaux, des éléments qui s'associent ou sont en dysharmonie, s'aiment ou se défient, se combinent ou provoquent des « clashs »… comme dans la vie.

Nous avons toute une ménagerie à notre disposition qui cohabite plus ou moins harmonieusement selon les périodes de notre vie.

Décrypter un thème peut parfois ressembler à une étagère montée à l'envers, car on n'aurait pas bien suivi le mode d'emploi et mal lu le dernier alinéa de la page 46 ! Cela nécessite des connaissances, bien sûr, mais aussi de la précision, de l'intuition et du temps.

Les particuliers et les professionnels qui me consultent en astrologie chinoise cherchent des réponses pour optimiser leur potentiel parfois (souvent) insoupçonné.

Ils veulent dépasser leurs zones de confort, se connaître davantage et surmonter leur propre schéma limitant.

Un jour, mon filleul de 10 ans m'interrogea sur la colère quasi permanente qu'il ressentait en lui.

En faisant son thème, je découvris que trois Tigres l'habitaient.

Je m'explique :

Le Tigre est le premier animal qui ouvre l'énergie du printemps dans le calendrier chinois.

Le printemps dans la métaphysique chinoise est lié à l'élément Bois, lequel est lié au foie, à la vésicule biliaire et à l'émotion de la colère.

Avec ses parents, nous avons travaillé ensemble pour trouver des solutions et l'aider à mieux gérer cette colère. L'étude de son thème m'a permis de l'aider à transformer cette émotion invalidante en une émotion positive, notamment en l'incitant à développer ses dons artistiques et son talent pour le dessin.

Car le Tigre est aussi le grand artiste du zodiaque !

L'agencement et la décoration de sa chambre ont aussi participé à cet apaisement. En effet, le choix des couleurs et des matières en fonction du thème de chacun est très important.

Depuis, Louis m'amène tous ses amis, curieux de comprendre leur « mode d'emploi » intérieur et impatients de connaître la façon dont ils peuvent apprivoiser leur zoo astrologique !

J'ai posé un diagnostic avec sa carte du ciel et le Feng Shui est venu l'accompagner dans sa transformation en modifiant l'énergie de sa chambre.

CHAPITRE

3

L'ÉNERGIE D'ALIGNEMENT : MIEUX SE CONNAÎTRE POUR MIEUX SE RÉALISER

Calculer son profil énergétique

•

Le Maître du Jour (MDJ)

•

Les douze signes du zodiaque chinois

•

Et les vacances dans tout ça ?

•

Instant méditation

•

L'énergie d'Alignement nous permet de réunir nos aspirations profondes et notre manière d'être dans le monde. Elle repose sur une connaissance de soi, de ses éléments dominants, de ses tendances naturelles.

S'aligner, ce n'est pas se forcer, c'est s'ajuster. C'est retrouver une intégrité entre notre intérieur et notre extérieur. Il s'agit ici non pas de nous contraindre à une identité artificielle, mais de révéler avec authenticité notre véritable nature. Cet alignement exige une introspection sincère, une clarté lucide et une acceptation totale de soi, avec toutes nos qualités et nos limites. Cette démarche d'alignement, à la fois énergétique et consciente, permet d'éviter les résistances internes et d'agir avec une fluidité et une aisance nouvelles, contribuant ainsi à une réussite durable et harmonieuse dans tous les domaines de notre vie.

Ce chapitre explore les grandes composantes de votre profil énergétique à travers le BaZi et vous aide à mieux comprendre ce qui vous met en harmonie ou en tension.

Il est une clé essentielle pour avancer en paix avec soi-même.

Calculer son profil énergétique

La tête sous les étoiles et les pieds sur la Terre, l'être humain parcourt la vie.

De tous temps, les humains ont observé les astres pour savoir quand semer, quand récolter, comment s'orienter au mieux dans leur cheminement.

En Asie, la date du Nouvel An n'est pas fixe chaque année.

Le calendrier chinois est « soli-lunaire ». C'est-à-dire que la date de changement d'année correspond à celle du Nouvel An chinois.

Ce Nouvel An se situe le jour de la nouvelle lune (à la date de Pékin) comprise généralement entre le 21 janvier et le 20 février.

En revanche, l'année solaire, elle, commence en général le 4 février.

Si vous êtes né par exemple le 25 janvier 1991, vous devrez regarder dans le tableau l'année précédente, c'est-à-dire 1990.

Un thème BaZi est représenté comme ceci sous forme de tableau.

Je vous conseille de remplir ce tableau afin d'avoir à tout moment la visibilité de votre thème.

	HEURE	JOUR	MOIS	ANNÉE
TRONCS CÉLESTES				
BRANCHES TERRESTRES				
TRONCS CACHÉS				

Pour calculer votre thème astrologique, voici mon site facile d'utilisation : www.nathaliecalvet.com. Allez dans le menu « astrologie chinoise », puis « calculez votre BaZi online ».

Pour l'heure de naissance, c'est assez délicat de la calculer, car si vous êtes né à Paris ou à Tokyo, le fuseau horaire change. Pour entrer dans les détails d'un thème et d'une réelle expertise BaZi, je vous conseille de me consulter.

Reportez dans le tableau précédent les quatre piliers trouvés grâce au site :

DATE	HEURE	JOUR	MOIS	ANNÉE
Mardi	18:15	9	8	1977
Tronc	辛 HO **Xin** Métal Yin	戊 **Wu** Terre Yang	戊 A **Wu** Terre Yang	丁 ReD **Ding** Feu Yin
Branche	酉 **You** **Coq** Métal Yin	戌 **Xu** **Chien** Terre Yang	申 **Shen** **Singe** Métal Yang	巳 **Si** **Serpent** Feu Yin
Troncs cachés	辛 Xin Ho	丁 戊 辛 Ding Wu Xin ReD A HO	戊 庚 壬 Wu Geng Ren A DV RI	庚 丙 戊 Geng Bing Wu DV Rel A

Le premier caractère est l'idéogramme chinois, en dessous il y a la traduction en chinois, puis la traduction en français.

Vous pouvez également regarder le tableau ci-après pour connaître l'animal qui est celui de votre année de naissance (pilier de l'année).

Une précision importante : si vous êtes né avant le 4 février, votre année de naissance est l'année précédente.

Exemple : vous êtes née le 26 janvier 1977, votre pilier de l'année est le Dragon de Feu, alors que si vous êtes née le 9 août 1977, vous êtes Serpent de Feu dans le pilier de l'année.

ANNÉE DE NAISSANCE	GUA HOMME	GUA FEMME	ANNÉE DE NAISSANCE	GUA HOMME	GUA FEMME
1913 Buffle d'Eau	6	9	1928 Dragon de Terre	9	6
1914 Tigre de Bois	2	1	1929 Serpent de Terre	8	7
1915 Lièvre de Bois	4	2	1930 Cheval de Métal	7	8
1916 Dragon de Feu	3	3	1931 Chèvre de Métal	6	9
1917 Serpent de Feu	2	4	1932 Singe d'Eau	2	1
1918 Cheval de Terre	1	8	1933 Coq d'Eau	4	2
1919 Chèvre de Terre	9	6	1934 Chien de Bois	3	3
1920 Singe de Métal	8	7	1935 Cochon de Bois	2	4
1921 Coq de Métal	7	8	1936 Rat de Feu	1	8
1922 Chien d'Eau	6	9	1937 Buffle de Feu	9	6
1923 Cochon d'Eau	2	1	1938 Tigre de Terre	8	7
1924 Rat de Bois	4	2	1939 Lièvre de Terre	7	8
1925 Buffle de Bois	3	3	1940 Dragon de Métal	6	9
1926 Tigre d'Eau	2	4	1941 Serpent de Métal	2	1
1927 Lièvre d'Eau	1	8	1942 Cheval d'Eau	4	2

ANNÉE DE NAISSANCE	GUA HOMME	GUA FEMME	ANNÉE DE NAISSANCE	GUA HOMME	GUA FEMME
1943 Chèvre d'Eau	3	3	1957 Coq de Feu	7	8
1944 Singe de Bois	2	4	1958 Chien de Terre	6	9
1945 Coq de Bois	1	8	1959 Cochon de Terre	2	1
1946 Chien de Feu	9	6	1960 Rat de Métal	4	2
1947 Cochon de Feu	8	7	1961 Buffle de Métal	3	3
1948 Rat de Terre	7	8	1962 Tigre d'Eau	2	4
1949 Buffle de Terre	6	9	1963 Lièvre d'Eau	1	8
1950 Tigre de Métal	2	1	1964 Dragon de Bois	9	6
1951 Lièvre de Métal	4	2	1965 Serpent de Bois	8	7
1952 Dragon d'Eau	3	3	1966 Cheval de Feu	7	8
1953 Serpent d'Eau	2	4	1967 Chèvre de Feu	6	9
1954 Cheval de Bois	1	8	1968 Singe de Terre	2	1
1955 Chèvre de Bois	9	6	1969 Coq de Terre	4	2
1956 Singe de Feu	8	7	1970 Chien de Métal	3	3

ANNÉE DE NAISSANCE	GUA HOMME	GUA FEMME	ANNÉE DE NAISSANCE	GUA HOMME	GUA FEMME
1971 Cochon de Métal	2	4	1986 Tigre de Feu	2	1
1972 Rat d'Eau	1	8	1987 Lièvre de Feu	4	2
1973 Buffle d'Eau	9	6	1988 Dragon de Terre	3	3
1974 Tigre de Bois	8	7	1989 Serpent de Terre	2	4
1975 Lièvre de Bois	7	8	1990 Cheval de Métal	1	8
1976 Dragon de Feu	6	9	1991 Chèvre de Métal	9	6
1977 Serpent de Feu	2	1	1992 Singe d'Eau	8	7
1978 Cheval de Terre	4	2	1993 Coq d'Eau	7	8
1979 Chèvre de Terre	3	3	1994 Chien de Bois	6	9
1980 Singe de Métal	2	4	1995 Cochon de Bois	2	1
1981 Coq de Métal	1	8	1996 Rat de Feu	4	2
1982 Chien d'Eau	9	6	1997 Buffle de Feu	3	3
1983 Cochon d'Eau	8	7	1998 Tigre de Terre	2	4
1984 Rat de Bois	7	8	1999 Lièvre de Terre	1	8
1985 Buffle de Bois	6	9	2000 Dragon de Métal	9	6

ANNÉE DE NAISSANCE	GUA HOMME	GUA FEMME	ANNÉE DE NAISSANCE	GUA HOMME	GUA FEMME
2001 Serpent de Métal	8	7	2014 Cheval de Bois	4	2
2002 Cheval d'Eau	7	8	2015 Chèvre de Bois	3	3
2003 Chèvre d'Eau	6	9	2016 Singe de Feu	2	4
2004 Singe de Bois	2	1	2017 Coq de Feu	1	8
2005 Coq de Bois	4	2	2018 Chien de Terre	9	6
2006 Chien de Feu	3	3	2019 Cochon de Terre	8	7
2007 Cochon de Feu	2	4	2020 Rat de Métal	7	8
2008 Rat de Terre	1	8	2021 Buffle de Métal	6	9
2009 Buffle de Terre	9	6	2022 Tigre d'Eau	2	1
2010 Tigre de Métal	8	7	2023 Lièvre d'Eau	4	2
2011 Lièvre de Métal	7	8	2024 Dragon de Bois	3	3
2012 Dragon d'Eau	6	9	2025 Serpent de Bois	2	4
2013 Serpent d'Eau	2	1	2026 Cheval de Feu	1	8

Voici un tableau récapitulatif des différents aspects que l'on trouve dans les quatre piliers de vie :

INTERNE	EXTERNE
Votre personnalité intérieure et les comportements que vous gardez pour vous et qui ne sont pas dévoilés aux autres.	Votre personnalité et les comportements que vous affichez à l'extérieur et qui peuvent être vus par les autres.

VIE INTIME	VIE INTIME	VIE SOCIALE	VIE SOCIALE
HEURE	JOUR	MOIS	ANNÉE
Pilier de l'heure : les accomplissements, les réalisations. La personnalité profonde, l'expression de soi, la trace de notre passage sur terre, le subconscient, la sexualité, les enfants, les animaux de compagnie, la façon dont vous gérez votre argent. Les rêves, les espoirs et les aspirations d'une personne. Âge : à partir de 51 ans.	Pilier du jour : Maître du Jour, pilier du Soi. La personne dans son mode de fonctionnement au quotidien, ses relations avec les autres, le pilier du « mariage » professionnel et/ou personnel, les relations de la personne avec son compagnon (les qualités du conjoint, les difficultés relationnelles, ce que le mariage peut offrir…), les relations avec les associés professionnels. Âge : entre 34 et 51 ans.	Pilier du mois : le cercle familial et la carrière. La famille d'origine (parents, frères et sœurs), ce qui est transmis de la lignée, le chemin de vie, la destinée socio-professionnelle, l'expression de l'individu par les sentiments et les émotions, sa façon d'entrer en relation avec l'environnement et les autres. Âge : entre 17 et 34 ans.	Pilier de l'année : le cercle social, le transgénérationnel. La famille en général (les générations précédentes, les grands-parents, tantes, oncles, cousins…), le transgénérationnel, le karma, le moi apparent, la façon dont nous perçoivent les autres, les relations professionnelles. Âge : entre la naissance et 17 ans.

Le Maître du Jour (MDJ)

Le Maître du Jour est en quelque sorte la pierre philosophale qui permet d'accéder à la lecture d'une personne.

Il est le pilier central du thème BaZi.

Il s'agit du pilier le plus important de la charte, car il représente notre essence et détermine la nature fondamentale de notre personnalité. C'est autour du Maître du Jour que se construit l'ensemble du thème, et tous les autres éléments sont analysés en fonction de leur relation avec lui.

Dans le tableau page 62, il est situé dans la colonne « Jour » dans les Troncs célestes : il est composé d'un élément avec du Yin ou du Yang.

Exemple : Chien de Terre Yang, vous lirez alors les caractéristiques de la Terre Yang.

DATE	HEURE	JOUR	MOIS	ANNÉE
Mardi	18:15	9	8	1977
Tronc	辛 HO **Xin** Métal Yin	戊 **Wu** Terre Yang	戊 A **Wu** Terre Yang	丁 ReD **Ding** Feu Yin
Branche	酉 **You** **Coq** Métal Yin	戌 **Xu** **Chien** Terre Yang	申 **Shen** **Singe** Métal Yang	巳 **Si** **Serpent** Feu Yin
Troncs cachés	辛 Xin Ho	丁 戊 辛 Ding Wu Xin ReD A HO	戊 庚 壬 Wu Geng Ren A DV RI	庚 丙 戊 Geng Bing Wu DV Rel A

Le Maître du Jour est défini par le Tronc céleste du jour de la naissance (cf. chapitre 3, « calculer son profil énergétique »). Il existe dix Maîtres du Jour distincts, chacun correspondant à un archétype de personnalité humaine :

- **Bois Yang (甲, Jiă)** : Le Pionnier, créatif, indépendant
- **Bois Yin (乙, Yĭ)** : Le Nourricier, compatissant, intuitif
- **Feu Yang (丙, Bĭng)** : Le Leader, enthousiaste, dynamique
- **Feu Yin (丁, Dīng)** : L'Illuminateur, gracieux, artistique
- **Terre Yang (戊, Wù)** : L'Organisateur, fiable, pratique
- **Terre Yin (己, Jĭ)** : Le Compréhensif, maternant, stabilisateur
- **Métal Yang (庚, Gēng)** : Le Justicier, analytique, déterminé
- **Métal Yin (辛, Xīn)** : L'Esthète, perfectionniste, réfléchi
- **Eau Yang (壬, Rén)** : Le Visionnaire, idéaliste, intuitif
- **Eau Yin (癸, Guĭ)** : Le Mystique, sensible, empathique

Chaque Maître du Jour est associé à l'un des cinq éléments (Bois, Feu, Terre, Métal, Eau) dans sa polarité Yin ou Yang. Cette association confère au Maître du Jour des caractéristiques spécifiques liées à l'élément et à sa polarité.

Mon Maître du Jour est Terre Yang : je suis quelqu'un sur qui on peut compter, chacun sait que ma porte est ouverte de jour comme de nuit, « j'irais jusqu'au bout du monde » comme le chantait Edith Piaf...

L'empathie est une des qualités de ce Maître du Jour Terre Yang, mais attention à ne pas se laisser manger et à ne pas s'oublier...

Comme le disent mes amis, je suis un véritable pilier pour eux (sans jeu de mots !), toujours prête à les soutenir et à les accueillir à bras grands ouverts. Ils savent qu'ils peuvent compter sur moi de façon inconditionnelle.

Je pensais qu'en prenant soin de moi, je négligeais les autres. J'ai réalisé par la suite que c'était une fausse croyance !

Pour tous les Maîtres du Jour, il y a la lumière de l'élément, mais aussi son ombre.

Une des ombres de la Terre Yang est de s'oublier…

Mais ça ne s'arrête pas là. Chaque Maître du Jour est également lié à l'un des huit Trigrammes du Bagua. Le Bagua est ce système symbolique chinois qui représente les différentes forces et influences de l'Univers. L'association du Maître du Jour au Trigramme correspondant apporte une dimension supplémentaire à l'interprétation de sa personnalité.

L'interprétation du Maître du Jour repose donc sur l'analyse approfondie de ces trois aspects fondamentaux :

L'élément : les caractéristiques intrinsèques de l'élément Bois, Feu, Terre, Métal ou Eau, et sa polarité Yin ou Yang.

Yin et Yang : l'équilibre entre les forces opposées et complémentaires du Yin et du Yang dans la personnalité de l'individu.

Le Trigramme : les influences et les archétypes associés au Trigramme du Bagua correspondant au Maître du Jour.

J'interprète ces trois aspects pour analyser la personnalité de l'individu, ses forces, ses faiblesses, ses motivations profondes et son potentiel de développement. Le Maître du Jour constitue ainsi la clé de voûte pour une analyse BaZi.

Vous trouverez un résumé de chaque Maître du Jour pour connaître votre socle de naissance et les traits de caractère sur lesquels vous pouvez vous appuyer pour transformer votre vie.

MDJ Bois Yang — Jia 甲

(mots-clés : Persévérance–Droiture–Motivation–Stabilité
Manque de tact–Conservatisme–Insensibilité)

L'Indiana Jones du zodiaque chinois !

Le Maître du Jour Bois Yang représente l'archétype du pionnier. Individu dynamique, créatif et indépendant, il trace sa propre voie dans la vie, guidé par une vision claire et un esprit déterminé. C'est un véritable explorateur, toujours à la recherche de nouveaux horizons et de défis à relever. Son esprit vif et sa curiosité insatiable le poussent à sortir des sentiers battus et à tracer sa propre voie. Il n'a pas peur de prendre des risques et de se lancer dans des projets audacieux.

Sa créativité lui permet de trouver des solutions originales et innovantes aux problèmes complexes. Son enthousiasme est contagieux et motive ceux qui l'entourent à se dépasser et à réaliser leurs rêves.

On peut le comparer à un chêne majestueux : il incarne la force, la résilience et la persévérance. Il ne se laisse pas abattre par les obstacles et avance avec ténacité vers ses objectifs. Son esprit vif et sa pensée novatrice lui permettent de trouver des solutions originales aux problèmes complexes.

Vous verrez rarement un MDJ Bois Yang se résigner !

C'est un vrai leader charismatique qui inspire confiance et admiration grâce à son assurance. Il sait prendre des décisions audacieuses et motive les autres afin qu'ils se surpassent. Sa loyauté envers ses amis et sa famille est indéfectible, et il est toujours prêt à se battre pour ceux qu'il aime.

Il possède un grand sens de l'humour et une joie de vivre : un véritable boute-en-train !

En amour, le Bois Yang est passionné et ardent. Il ne s'engage pas à la légère et recherche un partenaire qui saura partager son enthousiasme pour la vie. Il est loyal, protecteur et attentionné envers la personne qu'il aime.

Néanmoins, son besoin d'indépendance peut parfois le mener à la possessivité et à la jalousie. Il a besoin d'un partenaire qui saura lui accorder sa liberté tout en lui offrant la sécurité émotionnelle dont il a besoin.

Cependant, le Bois Yang peut parfois se montrer trop dominateur et inflexible. Son désir d'indépendance peut le pousser à négliger les besoins et les opinions des autres. De plus, sa tendance à l'impulsivité peut le conduire à prendre des décisions hâtives qu'il regrettera par la suite.

Pour s'épanouir pleinement, le Maître du Jour Bois Yang doit apprendre à canaliser son énergie débordante et à tempérer son ardeur. En développant sa patience et son écoute, il pourra tisser des relations plus harmonieuses et tirer pleinement parti de son potentiel de leadership.

Tips MDJ Bois Yang

Qualités : Dynamique, créatif, indépendant, leader, visionnaire, courageux, loyal.

Défis : Dominateur, inflexible, impulsif.

Conseils : Canaliser son énergie, développer sa patience, cultiver l'écoute.

MDJ Bois Yin — Yi 乙

(mots-clés : Flexibilité–Romantisme–Bienveillance–Créativité–Mystère

Instabilité–Secret)

Le Maître du Jour Bois Yin incarne une nature douce, charmante et créative : on peut l'imaginer comme la petite herbe folle qui pousse dans nos jardins, très rapide et en mouvement permanent. Ce MDJ est doté d'une grande sensibilité artistique et d'une imagination débordante.

Il possède un charme naturel indéniable !

Son caractère conciliant et diplomate lui permet de naviguer avec aisance dans les relations sociales. Il sait trouver les mots justes pour apaiser les tensions ! Sa capacité à comprendre les points de vue divergents et à trouver un terrain d'entente fait de lui un médiateur hors pair.

Il possède une capacité innée à comprendre et à partager les émotions des autres. Il est un véritable confident, toujours prêt à offrir une oreille attentive et un soutien émotionnel précieux. Sa nature douce et bienveillante attire naturellement les confidences et vous pouvez lui faire confiance.

Côté professionnel, le Bois Yin excelle dans les domaines dans lesquels il peut mettre à profit sa créativité, sa sensibilité et son intelligence émotionnelle.

Il peut exceller dans des domaines tels que la peinture, la musique, l'écriture ou l'artisanat.

C'est un artiste accompli, un écrivain talentueux ou un fin psychologue. Son intuition aiguisée et sa capacité à cerner les motivations d'autrui font de lui un excellent négociateur et un leader inspirant.

Cependant, le Bois Yin peut parfois se montrer trop sensible aux critiques et susceptible. Son désir d'harmonie peut le pousser à éviter les confrontations… De plus, sa tendance à l'introspection peut parfois le mener à l'isolement et à la mélancolie. Il peut aussi avoir tendance à se disperser dans des projets multiples qui ne verront jamais le jour, ce qui peut le frustrer…

Pour s'épanouir pleinement, le Maître du Jour Bois Yin doit apprendre à s'affirmer et à défendre ses convictions. Il est important qu'il apprenne à exprimer ses besoins et ses émotions de manière claire et assertive, sans pour autant se laisser submerger par les sentiments des autres.

Tips MDJ Bois Yin

Qualités : Sensible, empathique, créatif, intuitif, compassionnel, médiateur, harmonieux.

Défis : Susceptible, introverti, manque d'affirmation de soi.

Conseils : Développer son assertivité, exprimer ses besoins, s'affirmer dans ses convictions.

MDJ Feu Yang — Bing 丙

(mots-clés : Passion–Générosité–Charisme–Spontanéité # Rancune–Compétition–Routine)

Il est le seul qui existe sans avoir véritablement besoin d'un élément qui le nourrisse : le soleil, l'archétype du Feu Yang, décide de rayonner avec plus ou moins d'intensité selon son humeur !

Ce MDJ Feu Yang est de nature ardente, passionnée et dynamique. Il possède une immense énergie et un charisme renversant ! On le voit, on le remarque tout de suite et soyons honnêtes, il adore ça !

Les regards sont très souvent tournés vers lui : c'est la star ! C'est un *showman* exceptionnel qui est beaucoup plus à l'aise en société qu'en petit comité où il devra se livrer, ce qui n'est pas son point fort… De nombreuses personnalités ont du Feu Yang.

La discrétion n'est pas son point fort !

Sa générosité et sa bienveillance le poussent à partager son temps, son énergie et ses ressources avec ceux qu'il aime. Il est toujours prêt à donner un coup de main et à soutenir ceux qui en ont besoin. Sa nature optimiste et enthousiaste est contagieuse et il sait créer une ambiance conviviale et chaleureuse autour de lui. Il est toujours prêt à donner beaucoup, même s'il reçoit peu…

Véritable aventurier dans l'âme, le Feu Yang est constamment en quête de nouveautés et de défis. Il a horreur de la routine et a besoin de se sentir constamment stimulé. Son esprit ouvert et sa curiosité insatiable le poussent à explorer de nouveaux horizons et à découvrir de nouvelles cultures.

Cependant, cette soif d'aventure peut parfois le mener à l'impulsivité et à l'imprudence. Il a tendance à agir avant de réfléchir et peut parfois se mettre dans des situations difficiles par manque de discernement. Et son désir de briller et d'être admiré peut parfois le pousser à l'égocentrisme et à la vanité.

En amour, le Feu Yang est passionné et ardent. Il vit ses émotions à fleur de peau et ne supporte pas la tiédeur. Il a besoin d'un partenaire qui saura le captiver et le faire vibrer. Son intensité et sa spontanéité peuvent être grisantes, mais elles peuvent également être étouffantes pour ceux qui ne sont pas préparés à suivre son rythme… Il est *too much* et ne sait pas s'arrêter…

Son défi : apprendre à canaliser son énergie et à tempérer son ardeur. Il est important qu'il développe sa patience et son sens de l'écoute, et qu'il apprenne à prendre le temps de réfléchir avant d'agir pour ne pas que le burn-out le gagne…

Tips MDJ Feu Yang

Qualités : Généreux, persévérant, ouvert d'esprit, passionné, dynamique, charismatique, optimiste, enthousiaste.

Défis : Impulsif, imprudent, égocentrique, vaniteux.

Conseils : Canaliser son énergie, tempérer son ardeur, développer sa patience, cultiver le sens de l'écoute, prendre le temps de réfléchir avant d'agir.

MDJ Feu Yin — Ding 丁

(mots-clés : Ouverture–Politesse–Fidélité
Démotivation–Impatience–Suspicion)

Ce Maître du Jour Feu Yin a une nature douce, chaleureuse et intuitive. Il est doté d'une grande sensibilité. C'est un esprit ouvert et d'une profonde empathie. Sa lumière intérieure attire et réconforte ceux qui l'entourent. Il a besoin d'être alimenté pour pouvoir tout d'abord s'allumer, puis ensuite rayonner.

Véritable confident et guide, le Feu Yin est toujours enclin à prêter une oreille attentive et à offrir un soutien émotionnel précieux. Son sens de l'écoute et sa capacité à comprendre les sentiments des autres font de lui un excellent thérapeute et conseiller. Sa nature bienveillante et altruiste le pousse à aider les autres à trouver leur chemin et à surmonter leurs difficultés. C'est souvent un hypersensible qui peut être facilement blessé.

Quel curieux il fait, ce Feu Yin ! Il est constamment à la recherche de nouvelles informations et de nouvelles expériences qui lui permettront d'élargir son horizon et de se développer personnellement. Son intérêt pour la spiritualité et le monde invisible le pousse à explorer des domaines qui dépassent le rationnel et à développer ses capacités intuitives.

Il peut développer des capacités ultra lucides et des dons de vision.

Cependant, cette grande sensibilité peut parfois rendre le Feu Yin vulnérable aux émotions des autres. Il a tendance à absorber les énergies négatives et à se laisser influencer par les humeurs de son entourage. Il est important qu'il apprenne à se protéger et à canaliser ses émotions afin de ne pas se laisser submerger par celles des autres.

Le Feu Yin est doué pour les domaines qui requièrent sensibilité, intuition et intelligence émotionnelle. Il peut s'épanouir dans des professions telles que la psychologie, le coaching, la vente ou la diplomatie. Son talent pour la négociation et sa capacité à comprendre les motivations des autres font de lui un atout précieux dans tous les domaines où la communication humaine est essentielle.

En amour, c'est un partenaire tendre et dévoué. Il recherche une relation stable et harmonieuse, fondée sur la confiance et le respect mutuel. Son besoin de fusion et sa soif d'intimité font de lui un amoureux passionné !

Tips MDJ Feu Yin

Qualités : Sentimental, persuasif, dévoué, intuitif, empathique, confiant, guide, thérapeute, conseiller, ouvert d'esprit, curieux, spirituel.

Défis : Vulnérable aux émotions des autres, influençable, manque d'assertivité.

Conseils : Se protéger des énergies négatives, canaliser ses émotions, développer son assertivité, s'affirmer, trouver un équilibre entre sensibilité et force intérieure.

MDJ Terre Yang — Wu 戊

(mots-clés : Solidité–Confiance–Résistance–Sincérité
Immobilisme–Rigidité–Obstination)

Je connais bien ce Maître du Jour parce qu'il est le mien !

Le MDJ Terre Yang est solide, fiable et persévérant. Il est doté d'une force physique et mentale remarquable : c'est un véritable pilier sur lequel les autres peuvent compter en toute situation. Sa loyauté, son honnêteté et son sens du devoir font de lui un ami et un allié précieux.

Infatigable et déterminé, le Terre Yang ne recule devant aucun obstacle. Il est capable de surmonter les épreuves les plus difficiles grâce à sa persévérance et à sa ténacité. Son esprit pratique et sa capacité à analyser les situations lui permettent de trouver des solutions efficaces aux problèmes complexes. Souvent, lorsque l'on a un MDJ Terre Yang, la vie ne nous épargne pas et nous avons des épreuves familiales assez lourdes à traverser. Cela a été mon cas puisque j'ai accompagné mes deux parents pendant vingt ans (et dès l'âge de 25 ans) dans de très longues et douloureuses maladies… Mes proches me demandent ce qui a fait que je sois toujours debout avec des envies, des projets et la joie de vivre : mon MDJ Terre Yang, qui est une force pour supporter et endurer certaines épreuves de vie.

Cependant, cette solidité peut aussi se transformer en rigidité et en résistance au changement. Le Terre Yang a tendance à s'attacher à ses habitudes et à ses routines, et peut avoir du mal à s'adapter aux nouvelles situations. Son besoin de sécurité et de stabilité peut le freiner dans sa prise de risque et l'empêcher de saisir de nouvelles opportunités. Bien évidemment, le reste du thème entre en ligne de compte : avec mon Métal dominant, j'ai une capacité à changer assez vite de routines !

Le Terre Yang possède une grande sensibilité et un cœur tendre, même si ça n'est pas ce que l'on voit au premier regard. Il est profondément attaché à ses proches et prêt à tout pour les protéger et les rendre heureux. Sa nature bienveillante et altruiste le pousse à aider les autres, même si cela implique de se sacrifier…

Sa générosité peut parfois le rendre vulnérable à la manipulation et à l'abus. Son désir de se sentir utile et sa confiance aveugle dans les autres peuvent l'amener à se laisser exploiter par des personnes mal intentionnées. Développer son discernement peut aider ce MDJ à éviter de trop s'impliquer quand ça n'est pas utile…

Sur le plan émotionnel, le Terre Yang est discret et pudique. Il a tendance à enfouir ses sentiments au plus profond de lui-même et à ne pas les exprimer ouvertement. Cela peut parfois créer des malentendus et des frustrations dans ses relations avec les autres.

Apprendre à communiquer est la clé pour ce MDJ.

Côté professionnel, le Terre Yang excelle dans les domaines qui requièrent force physique, endurance et sens pratique. Il peut s'épanouir dans des professions telles que l'agriculture, le bâtiment, l'armée ou la police. Sa fiabilité, sa loyauté et son esprit d'équipe font de lui un membre précieux de toute organisation.

Il peut manquer parfois d'ambition et sa tendance à se sous-estimer peut l'empêcher d'atteindre son plein potentiel. Il est important qu'il développe sa confiance en soi et qu'il prenne conscience de ses capacités intellectuelles, qui sont souvent bien plus importantes qu'il ne le pense.

Pour s'équilibrer, plus de flexibilité, d'adaptation et de lâcher-prise lui font le plus grand bien !

Tips MDJ Terre Yang

Qualités : Persévérance, sens pratique, dévouement, stabilité, grande énergie physique.

Défis : Potentiel intellectuel insoupçonné, monde intérieur riche, besoin de solitude.

Conseils : Se laisser aller, se mettre plus en avant, ne pas s'oublier, communiquer avec légèreté, ouvrir son esprit, laisser s'exprimer sa sensualité.

MDJ Terre Yin — Ji 己

(mots-clés : Compréhension–Justesse–Gentillesse–Force–Imprévisibilité

Procrastination–Manque de souplesse–Retenue)

Ce MDJ est l'incarnation de la force tranquille ! C'est un être paisible, créatif et charitable. Doté d'un esprit maternel et d'un cœur généreux, le Terre Yin est comme un terreau fertile qui nourrit et fait grandir tout ce qui l'entoure. Sa bienveillance, son sens de la famille et son attachement aux valeurs traditionnelles font de lui un ami précieux et un membre de la communauté estimé. Il est profondément charitable, altruiste et toujours prêt à aider les autres, même si cela implique des sacrifices personnels et qu'il se mette parfois de côté… Il peut avoir tendance à s'oublier et sa générosité et son désir d'aider les autres peuvent le rendre vulnérable aux personnes mal intentionnées qui pourraient profiter de sa bonté.

Sa tendance à se soucier des autres avant lui-même peut parfois l'amener à négliger ses propres besoins. Il est important qu'il apprenne à trouver un équilibre entre son altruisme et sa propre réalisation personnelle. Prendre soin de soi n'est pas égoïste, c'est essentiel pour pouvoir continuer à aider les autres.

Le Terre Yin est très attaché aux valeurs de famille et de solidarité. Ce natif est un pilier de sa communauté et apporte son soutien indéfectible à ses proches. Il possède une nature calme et posée qui inspire la confiance et la sérénité.

Son sens aigu de l'intégrité et de l'honnêteté le guide dans toutes ses actions. Il est une personne de confiance sur laquelle on peut toujours compter, tant dans la vie personnelle que professionnelle. Sa droiture et son sens de la justice font de lui un exemple à suivre. Un MDJ Terre Yin ne vous fera pas un coup tordu, sa franchise est une de ses grandes qualités.

Le Terre Yin est souvent impliqué dans les domaines de la santé, de l'agriculture, de l'écologie ou de l'humanitaire. Il met son sens de la responsabilité et son désir d'aider les autres au service de la communauté. Il est un acteur du changement positif qui œuvre pour un monde meilleur. Son engagement associatif ou politique lui permet de mettre ses convictions en pratique et de contribuer à l'amélioration de la société.

Ce MDJ est un épicurien qui aime profiter des plaisirs simples de la vie. Il apprécie la bonne nourriture, la nature et les moments de convivialité. Il sait savourer les petits bonheurs du quotidien et se contente de ce qu'il a. Les chefs de cuisine reconnus ont souvent un MDJ Terre Yin.

Côté cœur, le Terre Yin a besoin de contact physique pour se sentir aimé et connecté aux autres. Il adore les câlins, les massages et les moments de partage. C'est un être très sensuel et tactile, mais qui peut être assez timide.

Tips MDJ Terre Yin

Qualités : Intelligence intuitive, adaptabilité, partager le moment présent, savoir optimiser.

Défis : Oubli et sous-estimation de soi.

Conseils : Développer la confiance en soi, apprendre à s'affirmer et à s'adapter sans se laisser marcher sur les pieds.

MDJ Métal Yang — Geng 庚

(mots-clés : Altruisme–Action–Fermeté–Leadership–Commandement

Dirigisme–Inflexibilité–Précipitation)

Le Maître du Jour Métal Yang possède une force inébranlable, avec une volonté indomptable et une profonde détermination. C'est LE chevalier en armure prêt à défendre la terre entière ! Il apporte solidité, stabilité et soutien à tout ce qui l'entoure. Son influence est profonde et durable : il possède une force intérieure hors du commun. Il est capable de résister aux épreuves les plus difficiles et de se relever après chaque chute. Et aucun défi n'est trop grand pour lui !

Il est animé par une volonté farouche d'atteindre ses objectifs, peu importe les obstacles qui se dressent sur son chemin. Sa persévérance est légendaire et il ne lâche jamais prise avant d'avoir réussi : un véritable guerrier !

C'est un protecteur féroce de ceux qu'il aime. Il est toujours prêt à défendre les plus faibles et à les aider à surmonter leurs difficultés.

Le Métal Yang est un ami fidèle et loyal sur lequel on peut toujours compter. Il est toujours là pour ses amis, dans les bons comme dans les mauvais moments.

Sa détermination et sa résilience sont sources d'inspiration pour tous ceux qui l'entourent.

Le Métal Yang prend ses responsabilités très au sérieux. Il est fiable, consciencieux et s'assure toujours que le travail est bien fait. Il ne laisse jamais tomber ceux qui comptent sur lui et assume pleinement ses engagements.

Le Métal Yang possède un esprit vif et analytique. Il est capable de cerner rapidement les situations complexes et de trouver des solutions ingénieuses. Sa perspicacité et son sens du détail font de lui un atout précieux dans tous les domaines.

Ce MDJ inspire naturellement le respect et l'admiration. Il a une présence forte et charismatique qui lui permet de fédérer les troupes et de les mener vers le succès. Son leadership affirmé est guidé par un sens aigu de la justice et du devoir.

Il est franc et direct dans ses propos. Il ne tourne pas autour du pot et dit les choses telles qu'il les pense. Son honnêteté brutale peut parfois déranger, mais elle est toujours appréciée pour son authenticité.

Ce natif est perfectionniste et exigeant envers lui-même et envers les autres : il veut le meilleur et être le meilleur. Cette rigueur peut parfois le rendre inflexible et intransigeant. Il peut ainsi être impatient et frustré lorsque les choses ne se passent pas comme il le souhaite. Il a du mal à supporter la lenteur et l'inefficacité, ce qui peut le rendre irritable et colérique.

Le MDJ Métal Yang a du mal à exprimer ses émotions, en particulier les émotions positives. Il peut paraître froid et distant, ce qui risque de créer des barrières dans ses relations avec les autres. Il a besoin de trouver des moyens sains pour les exprimer et les canaliser.

Dans le domaine professionnel, il excelle dans les métiers liés au juridique, à la police – des métiers où le devoir est essentiel.

En amour, le Maître du Jour Métal Yang se révèle être un véritable chevalier. Loyal et protecteur, c'est un amoureux passionné et empreint d'un amour inconditionnel envers son partenaire. C'est un fidèle qui peut être exigeant et perfectionniste envers l'autre, il est donc important que son partenaire soit patient, compréhensif et capable de communiquer ouvertement avec lui. La sphère émotionnelle n'étant pas le point fort de ce MDJ, son partenaire devra être doux et patient, car le caractère du Métal Yang peut parfois être rude et tranchant quand il se sent incompris…

Tips MDJ Métal Yang

Qualités : Détermination, esprit analytique et logique, leadership, sens des responsabilités.

Défis : Perfectionnisme, exigence, impatience, frustration.

Conseils : Exprimer ses émotions, développer sa patience, gérer sa colère.

MDJ Métal Yin — Xin 辛

(mots-clés : Raffinement–Subtilité–Persévérance–Beauté–Droiture

Superficialité–Dureté–Égocentrisme)

Quel être sophistiqué et séducteur, ce MDJ !

Il est le plus raffiné et élégant de tous les MDJ. Son apparence est soignée, son style impeccable, et sa manière d'être dégage une aura de charme et de distinction. Il accorde une grande importance à l'esthétique et à la beauté, et ne laisse rien au hasard dans sa présentation. Le Métal Yin apprécie les objets raffinés et les expériences luxueuses. Il aime s'entourer de beauté et de confort, et ne lésine pas sur les moyens pour se faire plaisir.

Cependant, derrière cette façade impeccable se cache un esprit calculateur et une détermination sans faille. Le Maître du Jour Métal Yin n'est pas dupe des apparences, et il sait parfaitement ce qu'il veut et comment l'obtenir. Il est stratège, patient et méticuleux, préparant soigneusement chaque étape de son parcours vers la réussite.

Son perfectionnisme et son exigence envers lui-même et envers les autres peuvent parfois le rendre froid et inflexible. Mais il peut être également influençable, car il est très sensible à l'image qu'il donne de lui… Il a du mal à faire face à la pression, contrairement au Métal Yang. Il adore briller de façon élégante, discrète et réservée et ne se met en avant que pour une cause qu'il juge prestigieuse. Il préfère observer et analyser avant de se faire (trop !) remarquer.

Il ne supporte pas la médiocrité. Il sait aussi se montrer diplomate et persuasif, utilisant son charme et ses talents de communication pour convaincre et pour atteindre ses objectifs. En revanche, il peut manquer de détermination, car il s'use vite.

L'individu Métal Yin est un être complexe et parfois contradictoire. Il peut paraître vaniteux et narcissique, mais il est également capable d'une grande profondeur d'âme et d'une sensibilité cachée. Il ne montre que très peu ses émotions (comme le MDJ Métal Yang), qu'il considère souvent comme des faiblesses, mais il est capable d'une grande empathie et d'une réelle affection pour ceux qu'il aime.

Étant animé par le pouvoir et par la reconnaissance, il sera doué dans les métiers liés à la politique, à la communication, mais également au conseil ou à la joaillerie.

Il est aussi doué pour les nouvelles technologies et l'intelligence artificielle.

Le Métal Yin aime avec passion et intensité. Ses sentiments sont profonds et il n'hésite pas à les exprimer ouvertement. Il recherche une relation fusionnelle et exclusive avec son partenaire.

Il se sent responsable de son bien-être et n'hésitera jamais à le défendre contre les dangers et les injustices.

Il est en outre généreux et attentionné envers son partenaire. Il aime lui faire plaisir et lui offrir des cadeaux, de petites attentions et des gestes d'amour.

Attention cependant à sa jalousie et à sa possessivité qui peuvent le rendre invivable pour son bien-aimé…

Tips MDJ Métal Yin

Qualités : Élégance, générosité, attention, fidélité.

Défis : Dépasser le narcissisme, apprendre à faire confiance à l'autre, aller au-delà des apparences.

Conseils : Apprendre à gérer sa possessivité, devenir tolérant (un peu plus… !), travailler sur son anxiété.

MDJ Eau Yang — Ren 壬

(mots-clés : Mouvement–Adaptabilité–Émotivité
Distraction–Rébellion–Indécision)

Une personne Maître du Jour Eau Yang possède une force vive et bouillonnante, capable d'embrasser l'immensité et de sonder les profondeurs. Sa personnalité se révèle complexe, car mêlant intelligence, ambition et une volonté indomptable de réussir.

L'Eau Yang est doté d'un esprit vif et d'une grande réactivité. Il ne reste jamais inactif et s'investit pleinement dans ses projets, fonçant vers ses objectifs et venant souvent à bout de ceux-ci.

Sa perception du monde est aiguisée et il possède une capacité d'analyse remarquable. Il observe, réfléchit et cerne rapidement les situations et les personnes.

L'Eau Yang est un éternel apprenti, curieux et insatiable de connaissances. Il aime découvrir, comprendre et partager son savoir avec les autres.

Son enthousiasme débordant est contagieux et il sait motiver et inspirer ceux qui l'entourent.

Ce MDJ est un grand optimiste doté d'une grande impulsivité et toujours en recherche de nouvelles expériences.

Son ambition est débordante et son désir de réussite très présent dans le monde des affaires. Il vise toujours plus haut.

L'Eau Yang possède un talent inné pour le leadership et n'aime pas les contraintes ! Il sait prendre des décisions difficiles, motiver ses troupes et les mener vers le succès.

L'Eau Yang possède une vision du monde ambitieuse et souvent démesurée. Il rêve grand et ne se laisse pas limiter par les conventions ou les obstacles : l'eau n'a pas de limites et le MDJ

Eau Yang ne sait pas s'en créer, ce qui peut en faire un être insatisfait par moments...

Il est en outre très exigent envers lui-même et envers les autres et a parfois la critique facile.

Le MDJ Eau Yang a souvent des liens avec le monde invisible, l'insondable, le mystère.

L'eau reflète le ciel, la terre et tout ce qui l'entoure, et nous offre une image changeante du monde. De la même manière, elle peut refléter nos émotions les plus profondes, nos joies et nos peines, nos rêves et nos cauchemars.

L'Eau est souvent associée aux rêves et aux visions, car elle nous transporte dans un monde imaginaire où tout est possible. Elle nous permet d'explorer les profondeurs de notre subconscient et de découvrir des vérités cachées. L'Eau Yang peut faire des rêves prémonitoires.

Ce MDJ ressent donc beaucoup de choses qui sont souvent difficiles à expliquer aux autres. Il peut avoir tendance à se sentir incompris et devenir autoritaire...

Professionnellement, ce sont des personnes qui font de bons thérapeutes. Ils peuvent être également des artistes.

C'est un créatif qui possède un excellent sens de la communication. Son imagination et sa capacité à s'exprimer font de lui un excellent journaliste ou publicitaire.

Le Maître du Jour Eau Yang a une vision ambitieuse pour son couple. Il souhaite que son partenaire partage ses rêves et ses aspirations, et qu'ils construisent ensemble une vie réussie ! Tout un programme !

Mais malgré son attachement à son partenaire, le Maître du Jour Eau Yang a également besoin d'indépendance et d'espace. Il a besoin de poursuivre ses propres passions et objectifs, et ne supporte pas d'être étouffé. Il a besoin de se sentir en sécurité et aimé, et peut avoir du mal à accorder sa confiance à son partenaire.

Tips MDJ Eau Yang

Qualités : Esprit très vif, clairvoyance, ambition, vivacité d'esprit, ressenti puissant.

Défis : Impulsivité, ralentir, suivre son instinct.

Conseils : Se recentrer, se concentrer, ne pas se laisser déborder par ses émotions.

MDJ Eau Yin — Gui 癸

(mots-clés : Profondeur–Sagesse–Transmission–Subtilité
Manque de persévérance–Désorganisation)

Derrière son aspect discret et son apparente fragilité, l'individu Eau Yin cache un océan de mystères et de talents. Ingénieux, tolérant et humble, l'Eau Yin est néanmoins difficile à comprendre et à canaliser.

Son esprit vif lui permet d'analyser les situations de manière approfondie et de cerner les motivations d'autrui.

Il aime se plonger dans ses pensées, explorant des idées complexes et philosophiques. Son esprit analytique lui permet de trouver des solutions originales et de résoudre des problèmes que d'autres jugent insurmontables.

Avant d'agir, l'individu Eau Yin prend le temps de réfléchir et de soupeser les différentes options. Sa nature prudente et circonspecte lui permet d'éviter les erreurs et de prendre des décisions judicieuses.

Il possède une force intérieure insoupçonnée au premier regard : sa force de résilience et sa capacité à surmonter les épreuves de la vie avec courage et détermination sont les qualités précieuses de ce MDJ.

Comme l'eau qui s'adapte à la forme de son contenant, le MDJ Eau Yin est capable de s'adapter à différentes situations et à différents environnements. Il est flexible et ouvert au changement, ce qui lui permet de faire face aux imprévus avec calme et sérénité.

L'Eau Yin est attiré par la beauté sous toutes ses formes, qu'il s'agisse de la nature ou de l'art, en particulier la musique. Sa sensibilité artistique lui permet de percevoir le monde d'une manière unique et d'apprécier les détails que les autres ne remarquent pas.

Sa créativité peut s'exprimer de différentes manières, que ce soit à travers l'écriture, la peinture, la musique ou d'autres formes d'art. Cependant, il préfère souvent garder ses créations pour lui, les partageant uniquement avec ceux en qui il a confiance.

Guidé par son intuition et sa sensibilité, l'individu Eau Yin est naturellement attiré par les mystères de l'inconscient et de tout ce qui se situe au-delà du monde tangible. Sa capacité à penser différemment, à se libérer des schémas de pensée conventionnels lui permet de trouver des solutions originales et ingénieuses auxquelles personne d'autre n'aurait pensé.

Attiré par l'inconnu et l'inexplicable, il s'intéresse souvent à la spiritualité, à la psychologie et aux phénomènes paranormaux. Il est toujours à la recherche de nouvelles connaissances qui lui permettront de mieux comprendre les mystères de l'Univers.

Avec sa grande sensibilité, il est capable de percevoir les énergies subtiles qui l'entourent. Cela lui permet de se connecter aux autres à un niveau plus profond et de comprendre leurs émotions et leurs motivations. Cela peut l'amener à devenir un excellent psychanalyste, professeur, hypnothérapeute, car il possède ce potentiel immense de voir au-delà des apparences.

Son imagination fertile lui permet de se projeter dans des mondes imaginaires et de concevoir des idées originales. Il peut être un excellent conteur, un écrivain talentueux ou un artiste hors pair.

En amour, c'est un être doté d'une grande sensibilité et d'une forte empathie que l'on peut blesser facilement. Néanmoins, sa capacité de résilience est telle qu'il sait se remettre en question et dialoguer afin de dénouer les soucis.

Ce MDJ est intuitif, romantique et attentionné : il recherche une relation profonde et authentique, fondée sur la confiance, l'intimité et le partage émotionnel.

Il est capable de ressentir une connexion profonde avec son partenaire, allant au-delà des mots et des apparences. La communication verbale et la communication émotionnelle sont essentielles à son bonheur.

Tips MDJ Eau Yin

Qualités : Intuition, romantisme, attention, capacités d'adaptation.

Défis : Dépasser la peur de l'échec et de l'autocritique, s'ancrer dans la réalité.

Conseils : Accepter les imperfections de l'autre, écouter, prendre soin de son corps physique en faisant du sport.

Les douze signes du zodiaque chinois

À chaque animal va correspondre une part de lumière, mais aussi une part d'ombre : nous sommes les animaux qui nous composent.

J'ai du Coq de Métal Yin dans mon thème, ce qui signifie que l'esthétique, la beauté, le raffinement ont de l'importance pour moi.

J'avais envie de conserver l'énergie des bagues de fiançailles de ma mère et de ma grand-mère en les transformant. J'ai alors dessiné une autre bague et un ras de cou en demandant à une joaillière d'extraire les petits diamants et émeraudes et de redonner vie, comme une deuxième naissance, à ces bijoux.

L'élément Bois étant absent de mon thème, mon dessin était vraiment très basique !

Le Métal Yin a dans sa symbolique l'essence du bijou, du subtil, du précieux.

Mais mon tout petit défaut de Coq de Métal est que je suis également un peu, beaucoup, passionnément (à la folie !) obsessionnelle ! Et le lâcher-prise n'est qu'un mot pour moi !

Vous savez quand vous être prêt à vous endormir, mais qu'il y a LE millimètre du rideau de votre fenêtre qui n'est pas positionné exactement comme vous le souhaitez… Eh bien, vous ne pouvez pas vous endormir ! C'est ça aussi avoir du Coq de Métal Yin dans son thème !

Bienvenue au club du rideau rebelle !

Grâce au calcul de votre thème rempli à la page 61, venez découvrir maintenant quels animaux vous habitent afin de connaître leurs points forts et leurs tout petits défauts…

Vous trouverez entre parenthèses pour chaque animal deux exemples d'année de naissance : par exemple, si vous êtes né en mars 1985, vous êtes dans votre pilier de l'année Buffle de Bois.

Le Rat

« La créativité, c'est l'intelligence qui s'amuse. »

Albert Einstein

Dans la course organisée par l'Empereur de Jade, le Rat a traversé le cours d'eau sur le dos du Buffle pour ne pas se noyer et a sauté de l'autre côté de la rive tout en laissant son acolyte beaucoup moins alerte planté dans la rivière…

Le Rat sait parfaitement bien se servir, user et abuser de son charme pour arriver à ses fins…

Ce natif est très charmant et possède une grande élégance. Il est joyeux et adore être entouré de plein d'amis. Il aime créer du lien et être le roi de la fête ; même avec ses airs de timide, on le remarque tout de suite !

Il a un sens de l'humour aiguisé.

Le Rat a une grande capacité d'adaptation et il est hyper rapide dans sa prise de décision. Il aura bien sûr réfléchi à tous les détails (aucun ne lui échappe !) auparavant, car c'est un être qui a un niveau d'exigence élevé et qui déteste les échecs.

L'intuition du Rat est extraordinaire, il possède un sixième sens qui « sait », qui « voit », qui « entend » avec plus d'acuité que les autres natifs du zodiaque.

C'est un extraordinaire communicant, que ce soit grâce à son verbe et à son éloquence parfaite ou à travers les moyens de communication qui ont de fortes influences.

Le Rat est un natif travailleur qui possède un grand sens de l'organisation et qui sait se montrer très méthodique.

Très ambitieux, il n'existe aucun domaine où il n'est pas capable de s'affirmer. C'est un fin observateur, un politique remarquable qui sait gagner de l'argent et il n'est pas rare qu'il devienne riche… En revanche, il est rare qu'il vive sans argent.

Il a le sens inné des affaires. Il met à profit son intuition très acérée pour détecter les pièges et les dangers. Mais comme il est parfois crédule, satisfait de lui et confiant dans sa grande intelligence, il prend des risques pour réussir.

C'est un travailleur, mais il aime aller vite, ce qui peut le conduire à manquer de persévérance et d'assiduité.

Il adore multiplier les projets et il peut noyer son énergie dans différents projets (certains sensés, d'autres beaucoup moins !) malgré sa grand énergie physique et mentale.

Étant hyper exigeant avec lui-même (et aussi avec les autres !), il se met beaucoup la pression pour réaliser ses objectifs de vie. Attention au burn-out, ami Rat !

Côté cœur, le Rat sait séduire, car il est très magnétique et a énormément de charme…

Sous un premier abord froid, c'est en fait un grand sentimental qui a besoin d'affection, et qui attache une grande importance aux liens affectifs. Le seul bémol est que sa liberté est essentielle et il peut de ce fait avoir du mal à s'engager, de peur de la perdre…

Attention aux représailles du Rat s'il est déçu, car c'est un rancunier.

Ce natif du zodiaque adore ses parents et ses enfants et il le leur fait savoir avec une grande générosité !

Mon père avait deux Rats dans son thème : cela faisait de lui un papa hyper protecteur, mais aussi d'une grande éloquence durant les dîners de famille sans fin !

Doubler un animal dans son thème, ou même le tripler, accentue d'une façon très significative ses caractéristiques positives, mais aussi ses points de fragilité.

Et mon père avait une peur bleue qu'il m'arrive quoi que ce soit, une peur qu'il arrivait à canaliser avec son mental ultra puissant.

Quelques pistes de réflexion pour changer ta vie de Rat

Par quels moyens peux-tu mettre ton intuition au service de ton ambition ?

Es-tu toujours aligné avec ta parole ?

Dans quelles occasions peux-tu te montrer jaloux ?

GRANDES QUALITÉS	PETITS DÉFAUTS	AMOUR TOUJOURS
Intuitif Communiquant Réactif	Vantard Imprévisible Froid	La passion Mon langage de l'amour : les paroles valorisantes

Quels sont les Rats célèbres ?

Charles Aznavour (1924)
Ursula Andress (1936)
Charles III (1948)

Quels sont les amis du Rat (amour, amitié, milieu professionnel) ?

Avec le Chien, le Rat se sent aimé, compris et protégé. Le Chien, quant à lui, est très réceptif à la sensualité du Rat… Ces deux-là ne sont pas prêts de se quitter !

Le Rat et le Singe s'adorent, car ils ont la même vivacité, des visions souvent similaires. Ils ont envie de changer le monde en mettant en place des méthodes très souvent anticonformistes. Le Rat et le Singe : les deux font la paire !

Quels sont les « meilleurs ennemis » du Rat ?

Le Lièvre, avec sa tendresse et sa douceur, se fait manger par le Rat ! Le Rat n'aime pas les « manières » du Lièvre qui a toujours de la difficulté à se positionner et dont la temporalité lente lui est diamétralement opposée.

La Chèvre, avec sa sensibilité et sa nonchalance, agace profondément les natifs du Rat qui sont des fonceurs et ont de la suite dans les idées… Ce n'est pas le cas de la Chèvre, qui peut avoir plutôt une suite d'idées !

La Home Sweet Home *du Rat*

Un lieu de vie *high tech*, bien sûr ! Avec les dernières innovations : home cinéma, toutes les connectiques idéales dans la maison entière.

Étant un fin mélomane, le Rat apportera un soin particulier à avoir le meilleur son possible dans son habitation.

Il aura également un grand bureau, car ce signe adore travailler.

Sa maison est aussi le reflet de ses nombreux voyages, car un Rat qui se respecte ne saurait rester sur son canapé trop longtemps.

Le Rat aime avoir de l'espace chez lui et il privilégiera les cuisines ouvertes et conviviales pour accueillir sa famille et ses amis.

Tout doit être facile d'accès dans la maison de ce natif: pas de petits recoins poussiéreux chez le Rat, il déteste ça !

Tips activités Rat

Créer des jeux vidéo, faire des podcasts sur les nouvelles technologies, écrire un blog sur des personnes inspirantes : tout ce qui est nouveau et nécessite un ordinateur !

Rat de Bois Yang (1924, 1984)

La patience ? Cette qualité est parfaitement inconnue pour ce natif du Rat de Bois qui veut que tout aille vite, très très vite !

La persévérance peut vraiment lui manquer et le faire passer à côté de belles opportunités professionnelles…

Le Bois confère à ce natif une vraie sociabilité, même s'il aime se distinguer du groupe pour faire son show !

C'est un mondain très apprécié pour son esprit vif et son sens de l'humour aiguisé.

Il peut se laisser emporter par son imagination débordante, ce qui risque éventuellement de le conduire à des colères d'une intensité dantesque…

Rat de Feu Yang (1936, 1996)

Quelle vitalité incroyable ! Ce natif du Rat de Feu est sans cesse en mouvement : se déplacer est sa seconde nature, qu'il s'agisse de voyages à l'autre bout du monde ou simplement au coin de la rue, il le fera toujours à la vitesse de l'éclair.

Son intelligence et son énergie le poussent à se lancer toujours plus de défis et il peut perdre le fil conducteur pour atterrir finalement à un endroit qu'il n'aura pas choisi…

C'est un leader exigeant et anticonformiste.

Le Feu lui apporte une grande susceptibilité qu'il a du mal à gérer, car c'est un être extrêmement émotionnel qui cache bien son jeu…

Rat de Terre Yang (1948, 2008)

Ce natif est le plus fiable de tous ses congénères : c'est une personnalité appliquée qui n'aime pas sortir des sentiers battus et qui accomplit son travail avec une grande rigueur.

C'est un discret qui n'aime pas les éclats de voix.

Il n'aime pas les changements et a le sens du devoir, tant dans sa famille que professionnellement.

Il sera important pour le Rat de Terre qu'il fasse entrer l'imprévu et la joie dans sa vie sous peine de devenir un être aigri et terne par son manque de fantaisie.

C'est un têtu qui peut manquer d'ouverture.

Rat de Métal Yang (1960, 2020)

L'intelligence de ce natif est impressionnante : c'est un stratège redoutable, doté d'un verbe acéré.

Il séduit par son éloquence ; on trouve souvent de brillants avocats dans ces natifs de Métal.

Le Rat de Métal est doué pour avoir des finances fleurissantes, car il sait oser et provoquer sa chance. Et il adore dépenser tout cet argent gagné… dans de nouveaux investissements encore plus rentables !

Ce Rat, sous des airs de *control freak*, cache bien ses émotions qui peuvent avoir tendance à déborder et à provoquer chez lui des crises de jalousie.

Rat d'Eau Yang (1932, 1972)

Ce natif est assez imprévisible, l'élément de l'Eau lui apportant des changements de caractère. Il sait également très bien s'adapter, même un peu trop, car il perd quelquefois sa boussole intérieure et fait de mauvais choix…

Il est difficile à suivre pour la majorité des gens, car, comme ses congénères, il va vite dans un sens, mais peut se retourner dans l'autre sens avec la même vivacité !

Il éprouve de la difficulté à ouvrir son cœur et à s'installer dans une histoire d'amour qui le confronterait au monde des émotions…

Ce natif est celui qui est le plus lié à l'émotion de la peur et pour cette raison, il préfère rester dans un cadre établi de façon à stabiliser son ancrage.

Les grands défis ? Très peu pour lui !

Le Buffle

« Les erreurs ne se regrettent pas, elles s'assument,
la peur ne se fuit pas, elle se surmonte, l'amour
ne se crie pas, il se prouve. »

Simone Veil

Le Buffle, c'est la force tranquille.

Les natifs de ce signe ont une grande sagesse, dont la puissance est incroyable.

Avec le Buffle, tout est stable ; il est structuré, sa détermination est sans faille et il a une patience d'ange.

Il a une personnalité calme, méthodique, avec une grande force d'âme. Bien qu'il puisse paraître lent au premier abord, il travaille sans relâche sur les tâches qu'il se fixe, terminant souvent avant les autres.

Le Buffle inspire confiance, car il est franc, direct et ses valeurs humaines sont l'honnêteté et la persévérance.

Pas de coups bas avec un natif du Buffle, sa parole est sacrée. Le mensonge et les compromis, il ne connaît pas.

Il ne se laisse pas intimider facilement, car pour lui « *all is under control* » !

Il a les pieds sur terre, il travaille sans relâche pour arriver à son but et il sait gérer les difficultés sans paniquer. Il agit après avoir tout analysé avec minutie. Il trouve toujours une solution.

Conservateur, il met du temps à adopter et à assimiler les nouveautés. Très routinier, toujours ponctuel et bien organisé, il fait tout pour que sa vie se déroule sans heurt… Cela a ses limites, car quand il y a un souci que le Buffle n'a pas envisagé, il peut se fâcher très, très fort !

En effet, l'improvisation et le changement ne sont pas sa tasse de thé…

Il n'y a qu'un pas entre la persévérance et l'obstination : le Buffle peut sombrer facilement dans une obstination qui risque de le désocialiser et il est susceptible de s'exclure du monde.

Quand il se sent en danger, menacé ou que tout ne se passe pas comme il le souhaite, il a du mal à demander de l'aide et à s'ouvrir aux autres.

L'humour n'étant pas son point fort, il part s'enfermer dans sa grotte et il est assez compliqué de l'en faire sortir.

Le monde des émotions lui est assez inconnu et il a du mal à s'exprimer avec son cœur, car il est très pudique.

Côté cœur, c'est un être doux et attentionné, mais il peut rester célibataire par peur d'être rejeté ou blessé. Suivant plus facilement la voie de la raison que celle du cœur, il va se mettre en quête d'un partenaire de vie plutôt que de succomber à un coup de foudre !

Il lui faut du temps pour apprendre à connaître l'autre et le Buffle ne s'engagera jamais à la légère.

Professionnellement, il excelle dans les métiers qui nécessitent de l'organisation. Si l'expression de ses sentiments et de ses émotions est difficile pour lui, c'est en revanche un très bon orateur dans son travail. Il saura défendre les valeurs de la société dans laquelle il évolue et gravira les échelons un à un jusqu'à des postes de direction grâce à son endurance et à la qualité de son travail.

Quelques pistes de réflexion pour changer ta vie de Buffle

Es-tu en cohérence avec tes valeurs ?

Dans quels domaines de ta vie es-tu intolérant ?

Comment trouves-tu le juste équilibre entre effort et lâcher-prise ?

De quelles façons peux-tu innover dans ta vie ?

GRANDES QUALITÉS	PETITS DÉFAUTS	AMOUR TOUJOURS
Authentique Déterminé Honnête	Strict Introverti Exigeant	Fidèle Mon langage de l'amour : les moments de qualité

Quels sont les Buffles célèbres ?

George Clooney (1961)

Louis Armstrong (1901)

Rosa Parks (1913)

Quels sont les amis du Buffle (amour, amitié, milieu professionnel) ?

Le Rat apporte un vent de mouvement au Buffle qui peut s'encroûter ! Ils aiment tous les deux le travail bien fait, les valeurs humaines et ont en commun une volonté de fer.

Le Serpent partage avec le Buffle la stabilité, la volonté de bien faire et lui apporte de la sensualité, ce qui n'est pas pour déplaire au Buffle, qui est un grand sensuel qui s'ignore !

Quels sont les « meilleurs ennemis » du Buffle ?

Entre le Cheval et le Buffle, les énergies sont diamétralement opposées… sur presque tout !

Le Cheval veut aller vite et le Buffle prend son temps, la constance du Buffle rend le Cheval totalement perplexe, lui qui change d'avis toutes les deux minutes…

La Chèvre, qui se rapproche du Cheval dans son inconstance, énerve aussi profondément le Buffle qui peut vraiment se mettre en colère face à ce qu'il considère être de la superficialité.

La Home Sweet Home *du Buffle*

On est bien chez le Buffle, on se sent en sécurité chez lui. On est toujours bien accueilli.

On voit bien que sa maison est aussi solide que lui, qu'elle ne va pas s'envoler !

Et son frigo est toujours plein. Il ne manque aucun produit ménager. La cartouche d'encre noire qui manque tout le temps chez les autres, eh bien il en a cinq d'avance dans un tiroir ! Le Buffle prévoit tout.

Un peu de légèreté serait la bienvenue dans sa maison !

Il possède des tableaux ou des objets de décoration un peu décalés (mais pas trop quand même pour ne pas brusquer son énergie !).

Sa maison a des couleurs vives pour donner du pep's et de la fantaisie. Il possède des plantes assez hautes afin que son esprit s'élève et s'allège.

Tips activités Buffle

Notre ami le Buffle est le grand gagnant des massages ! Eh oui, les soins corporels sont une très bonne idée pour assouplir votre structure qui peut se révéler trop rigide à certains moments.

Le massage aux pierres chaudes est celui qui permet le plus de détendre son énergie.

Buffle de Bois Yin (1925, 1985)

L'énergie du Bois Yin, qui s'oppose à l'élément Terre primaire du Buffle, lui apporte plus de souplesse qu'aux autres Buffles.

Le côté rigide et conservateur du Buffle est adouci par le Bois, ce qui rend ce natif plus créatif et ouvert à la discussion et aux propositions, tant professionnelles que personnelles.

C'est un être qui recherche le contact avec autrui tout en conservant les valeurs intrinsèques du Buffle.

Néanmoins, son esprit de contradiction et sa volonté d'avoir toujours raison peuvent agacer et il peut de ce fait se sentir exclu en communauté...

Buffle de Feu Yin (1937, 1987)

Ce natif est un fonceur qui a du mal à se raisonner !

Quand il a décidé d'y aller, il y va, même s'il sait qu'il va droit dans le mur...

Le Feu apporte à ce natif un côté imprévisible, mais très attachant. C'est le plus passionné de tous ses congénères.

C'est un grand bosseur qui atteint souvent des postes d'influence, car il possède un grand charisme.

Pour ce natif, bâtir un monde est important et il fait tout ce qui est en son pouvoir pour accomplir cette mission.

Buffle de Terre Yin (1949, 2009)

La Terre renforce ici l'élément principal du Buffle : ce natif cherche une vie paisible, sans secousses.

C'est un Buffle rempli d'une grande bienveillance, qui prend soin de ceux qu'il aime. Mais il peut avoir tendance à vouloir tout diriger et contrôler par peur de perdre... L'autre peut se sentir enfermé par cette attitude et le délaisser, ce qui attristera profondément le Buffle, qui se sentira trahi...

Étant celui qui a le plus de l'élément Terre, c'est aussi le natif du Buffle pour lequel l'expression des sentiments est la plus difficile.

Il est pacifiste et déteste les conflits.

Il possède une grande puissance physique, ce qui en fait souvent un travailleur manuel.

Buffle de Métal Yin (1961, 2021)

L'élément du Métal apporte une force supplémentaire incroyable à ce natif.

Cette force lui sert à soutenir des causes qui lui tiennent à cœur, à défendre et à protéger ceux qu'il aime, à diriger et à donner des ordres dans son travail. Il s'exprime avec beaucoup de prestance et sait se faire entendre. En revanche, il est difficile pour lui d'écouter les autres, surtout lorsqu'ils sont d'un avis différent du sien !

Il ne faut pas le contredire ou lui barrer la route, sinon ce natif devient extrêmement cassant et blessant…

J'ai souvent des avocats en séance qui ont du Buffle de Métal Yin dans leur pilier du mois.

Buffle d'Eau Yin (1973, 2033)

C'est le natif du Buffle le plus flexible et expressif.

En effet, l'Eau Yin lui apporte une légèreté dans son élément de Terre qui adoucit son comportement obstiné.

C'est un être empathique qui se soucie beaucoup de sa famille ; sa maison est d'ailleurs très importante pour lui et il aime s'y poser et s'y reposer.

Étant solitaire, il a besoin de moments calmes chez lui pour échapper au brouhaha du monde et développer sa créativité.

Le Tigre

« Rien de grand n'a jamais été accompli sans l'aide de l'enthousiasme. »

Ralph Waldo Emerson

Je suis drôle, attachant, rebelle, je déteste l'autorité… Qui suis-je ?

Le Tigre, bien sûr !

Ce natif est hyper sympathique, indépendant et sensible. Il déteste la routine et la banalité du quotidien. C'est un grand enfant qui adore croquer la vie à pleines dents !

C'est un natif du zodiaque qui est bien dans ses baskets et adore la conquête, l'aventure et la découverte.

Il est très déterminé quand il se fixe des objectifs, mais il s'énerve très vite si tout ne se passe pas comme il a prévu !

Sa colère est légendaire et quand il l'exprime, il fait table rase de tout ce qu'il a construit, uniquement par ego... L'impulsivité dont il fait preuve peut le conduire à sa perte... Le natif du Tigre, c'est le calme avant la tempête !

Il est prêt à faire de grands sacrifices pour ses projets, à condition qu'ils lui procurent du plaisir. La passion est sa raison de vivre, sans passion il n'a envie de rien accomplir.

Pour lui, chaque entreprise doit être une aventure exaltante où il peut se sentir librement créatif.

La logique et les limites ne l'intéressent pas et l'émotion prime toujours sur la raison. Il veut tout vivre, vite et tout de suite !

La tranquillité, très peu pour lui. Il se donne constamment des défis dans tous les domaines de sa vie. C'est un esprit terriblement enthousiaste et libre qui déteste les contraintes.

Sa parole peut devenir cinglante quand il ne se sent pas compris et écouté...

Et s'il ne se décide pas immédiatement, son énergie peut se retourner contre lui et il peut ainsi sombrer dans l'indécision...

Comme il fait preuve de beaucoup d'autorité et d'une confiance en lui rayonnante, c'est un être que l'on suit volontiers dans ses aventures rocambolesques.

Comme ce natif aime que la justice soit rendue, il est volontiers le grand défenseur des plus fragiles que lui.

Le Tigre a l'esprit de compétition et évidemment quand il joue, c'est pour gagner ! La demi-mesure, ce n'est pas pour lui.

Il a un besoin permanent d'action et il adore se mettre dans des situations dangereuses.

Il cherche d'ailleurs le conflit uniquement pour montrer qu'il en sort vainqueur… mais c'est un jeu dangereux qui peut le conduire à s'inventer des problèmes qui n'existent pas afin d'exacerber sa colère… Il peut y avoir comme une forme d'autosabotage ou d'autodestruction avec ce natif du zodiaque.

D'un point de vue professionnel, son dynamisme et sa générosité font de lui un leader charismatique au grand cœur.

Il a besoin d'un environnement qui le pousse à se dépasser, sinon il risque de s'endormir !

Ce natif est un être généreux qui dépense plus qu'il ne compte pour le simple plaisir de flamber, mais aussi pour combler de cadeaux sa famille et ses amis.

Côté cœur, le Tigre cache son romantisme et sa sensibilité sous une apparente confiance en soi. Si l'élu de son cœur lui résiste un peu, ça ne fera qu'attiser sa volonté de le conquérir. Le Tigre adore les enfants, car il reste lui-même le plus grand enfant de toute sa famille !

Quelques pistes de réflexion pour changer ta vie de Tigre

Est-ce que tu te mets facilement en colère ?

Es-tu dirigé par tes émotions ? Tes besoins émotionnels sont-ils constants ?

Es-tu résilient ?

Prends soin de l'énergie de ton foie (bouillotte sur le foie, cure de radis noir régulière…).

GRANDES QUALITÉS	PETITS DÉFAUTS	AMOUR TOUJOURS
Courageux Généreux Optimiste	Arrogant Colérique Lunatique	Mon langage de l'amour : les services rendus

Quels sont les Tigres célèbres ?

Louis de Funès (1914)
Marilyn Monroe (1926)
Leonardo DiCaprio (1974)

Quels sont les amis du Tigre (amour, amitié, milieu professionnel) ?

Le Chien est un peu en admiration devant le Tigre, qui a décidément beaucoup de panache ! Et le Tigre se sentira sécurisé et admiré par le Chien, pour lequel il a un coup de foudre caché…

Le Cochon est toujours partant pour une aventure avec le Tigre et ces deux-là partagent la même générosité, les choses simples de la vie et l'envie de faire plaisir.

Quels sont les « meilleurs ennemis » du Tigre ?

Entre le Buffle et le Tigre, c'est un concours d'ego… Même s'ils ont des valeurs similaires d'authenticité, d'amitié, de sincérité, leurs colères respectives entrent en conflit très facilement quand ils ne sont pas d'accord… Et le Buffle est trop sérieux pour le Tigre, qui a envie de s'amuser !

Le Singe, pourtant joueur comme le Tigre, est néanmoins trop calculateur pour ce dernier… et trop prise de tête ! Il réfléchit tout le temps, tandis que le Tigre agit en un instant.

La Home Sweet Home *du Tigre*

Ça virevolte dans la maison du Tigre !

Les meubles ne restent jamais à leur place très longtemps, le Tigre achète de manière parfois compulsive et n'a pas le compas dans l'œil ! Ce canapé, certes majestueux, est néanmoins deux fois trop grand pour le salon !

L'univers du Tigre est très Yang, rempli de couleurs vives chatoyantes qui ne sont pas forcément assorties les unes aux autres, mais il y a de la vie dans cette maison.

Les extérieurs sont aussi très importants pour le Tigre qui, étant très dynamique, ressent le besoin de sortir de sa maison régulièrement !

Amener un peu de sérénité et de Yin dans la maison du Tigre est une bonne idée avec par exemple des lumières douces et tamisées, de grands tapis moelleux (dans lesquels il pourra se rouler comme l'enfant qu'il est !).

Tips activités Tigre

Lancez-vous dans le rugby, qui comblera les attentes du meneur qu'est le Tigre ! Dans tous les cas, un sport collectif dont vous êtes le leader.

Tigre de Bois Yang (1934, 1974)

Ce natif est un créatif né qui adore avoir un cercle social tout acquis à sa cause.

Quel *showman*, ce Tigre, il aime être complimenté !

Le Bois renforce son élément primordial et apporte un certain entêtement et une volonté de tout diriger, ce qui peut lui occasionner bien des tracas, car sa jalousie est assez prononcée…

Il possède un instinct assez développé et ne se trompera pas sur ses choix de partenaires, qu'ils soient professionnels ou amoureux.

La procrastination, très peu pour lui, c'est un fonceur, mais qui sait néanmoins se tempérer quand cela est nécessaire.

Tigre de Feu Yang (1926, 1986)

Le chef, le roi, c'est lui !

Entre l'ambition et l'arrogance, il n'y a qu'un pas que le Tigre de Feu peut franchir aisément… Son énergie et sa volonté qui ne faiblit jamais peuvent servir une cause (la sienne la plupart du temps !) et des objectifs qui le poussent toujours plus à se dépasser.

Ses échanges avec autrui peuvent rapidement tourner au rapport de force si l'autre ne met pas d'eau dans son vin…

car cela ne sert à rien de vouloir dominer un natif de ce signe ou d'avoir raison.

C'est l'animal du coup de foudre !

Tigre de Terre Yang (1938, 1998)

Ce natif, avec la Terre qui s'ajoute à son Bois, veut réussir en construisant un empire.

Il a en lui une grande solidité et une détermination sans faille pour arriver à ses fins : la victoire est ce qui l'anime, avec la reconnaissance qui l'accompagne.

Il aime s'entourer, mais c'est grâce à sa vision, à sa stratégie sans faille et à son travail acharné qu'il pourra arriver numéro 1 sur le podium de la vie.

Le Tigre de Terre aime protéger ceux qu'il aime et leur faire partager son bonheur.

Tigre de Métal Yang (1950, 2010)

Le tact n'est pas la qualité première de ce natif du Tigre !

On remarque que ce Tigre raffiné et élégant est celui de tous les natifs qui a le plus d'ambition.

Il est très minutieux dans le travail qu'il effectue et on peut compter sur lui grâce à son Métal qui lui apporte une grande fiabilité.

Avec le Métal associé au Bois Yang, qui est l'élément primaire du Tigre, cet animal possède un grand sens de l'organisation et fonce droit au but.

Si vous n'êtes pas d'accord avec lui, il vous le fera savoir sans détours. Il n'est pas du tout influençable et peut même se fâcher assez fort si vous persistez à vouloir avoir raison !

S'il est déçu sentimentalement, sa pudeur fera qu'il ne montrera pas sa tristesse, mais son cœur sera brisé et il aura du mal à refaire confiance…

Tigre d'Eau Yang (1962, 2022)

De tous les Tigres, il est certainement celui qui est le plus complexe, tant dans son intériorité que dans son rapport aux autres.

Il est rempli de paradoxes : il adore communiquer et en même temps, il n'est jamais aussi bien qu'avec lui-même… C'est un orateur hors pair qui sait et aime convaincre.

L'Eau lui apporte de nombreuses angoisses, souvent sans fondement, car il peut être prisonnier de son esprit excessif.

C'est le Don Juan des natifs du Tigre, il aime courtiser et se lance parfois dans des aventures sans lendemain…

Le Lièvre

« Rien n'est plus beau qu'un corps nu.
Le plus beau vêtement qui puisse habiller une femme,
ce sont les bras de l'homme qu'elle aime.
Mais pour celles qui n'ont pas eu la chance
de trouver ce bonheur, je suis là. »

Yves Saint-Laurent

La sensibilité et le sens de l'esthétique imprègnent le natif du Lièvre.

Cet animal est un être réfléchi et méthodique, il est méticuleux et sensible, doué pour la conversation. Il est très organisé et aime la discipline et l'ordre : une maison désorganisée, très peu pour le Lièvre !

Il aime la beauté et les choses bien faites.

Le Lièvre a énormément de sensibilité, mais le monde des émotions l'angoisse et lui fait peur.

Il a du mal à exprimer ce qu'il ressent de peur d'être rejeté, mais aussi parce que l'opinion des autres est très importante pour lui.

Le Lièvre peut souvent rester dans des situations qui ne lui conviennent pas, juste pour ne pas aller vers la nouveauté qui lui cause de nombreuses angoisses… Il préfère tout tenter pour maintenir un fonctionnement obsolète qu'il connaît plutôt que de se lancer dans l'aventure. Il n'est pas l'animal le plus casse-cou du zodiaque, ça, c'est certain !

Il aime une vie tranquille et sans aventure, évitant autant que possible les conflits et les litiges.

Pour préserver sa sérénité, il se montre hermétique aux événements extérieurs, se protégeant et se tenant à l'écart du danger.

Il peut manquer de confiance en lui et c'est l'animal le plus manipulable du zodiaque…

Un de mes clients, qui a trois Lièvres dans son thème, est un grand designer et a longtemps été dans une secte… Il a pu en sortir grâce à l'amour de sa compagne, qui n'a jamais relâché ses efforts pour qu'il puisse échapper à cet enfermement…

Le Lièvre peut effectivement s'enfermer dans des principes, des théories, un conservatisme, pour ne pas sortir de sa zone de confort.

Il attendra que tout s'écroule autour de lui pour agir…

En revanche, c'est un excellent diplomate et il excelle dans les débats en société ou en tant qu'animateur de réunions, où son sens du détail et son tact font merveille.

Il essaie toujours de sauver les apparences et, tel un véritable chat, retombe sur ses pattes ! Professionnellement, il se montre persuasif et ambitieux, il possède un don pour convaincre et se sortir des situations délicates.

Sensible à la beauté, il est attiré par l'art sous toutes ses formes, fréquentant souvent musées et galeries d'art. De grands couturiers ont très souvent du Lièvre dans leur thème.

L'artisanat est également une voie que le Lièvre aime prendre, car il a des mains en or.

Souvent intellectuel, il combine un sens aigu de la réalité avec une sagesse pragmatique, ce qui le rend particulièrement adapté à des rôles de conseiller stratégique ou de mentor.

Le Lièvre aime le travail bien fait et sera toujours respectueux envers sa hiérarchie, il n'est pas du genre à se rebeller !

Côté finances, il aime ce qui est beau et cher !

Le Lièvre cherche le partenaire idéal et la perfection en amour. Comme il est de nature peureuse, il est compliqué pour lui de s'engager ! Et si ça n'était pas la bonne personne ? Cette question tourne en boucle dans sa tête, mais une fois qu'il a réussi à se décider, ce natif est un amoureux transi. Cependant, il reste angoissé et peut en devenir étouffant…

Tendre, c'est un romantique avec une forte énergie sexuelle. Quand il se sent en sécurité et aimé, c'est un être très sensuel.

Il aime que l'on s'occupe de lui, car il a une fragilité et une peur liées à l'abandon.

Ma maman avait deux Lièvres dans son thème : elle avait une plume incroyable et elle adorait faire de la tapisserie. Elle était professeure de français et prenait un soin considérable avec les mots, qu'elle envisageait comme des énergies de vie…

Quelques pistes de réflexion pour changer ta vie de Lièvre

Quelles sont les angoisses et les attachements qui t'empêchent de te positionner dans tes envies profondes ?

Faire une *to-do list* d'actions que tu peux réaliser afin d'être moins angoissé.

Comment peux-tu développer différemment ta créativité ?

GRANDES QUALITÉS	PETITS DÉFAUTS	AMOUR TOUJOURS
Sensible Patient Sincère	Manipulable Peureux Têtu	Sensuel Romantique Mon langage de l'amour : le toucher physique

Quels sont les Lièvres célèbres ?

Robin Williams (1951)
Tina Turner (1939)
Roger Moore (1927)

Quels sont les amis du Lièvre (amour, amitié, milieu professionnel) ?

Le Chien fait rêver le Lièvre avec son sens de la famille et son attention pour l'autre. Et le Chien adore le Lièvre, si sensible et aimant, qu'il a envie de protéger et de chérir.

Le Tigre secoue avec bienveillance son ami Lièvre pour l'aider à sortir de la torpeur dans laquelle il peut tomber s'il se sent rejeté… Et le Lièvre a besoin d'un coup de patte du Tigre pour réussir cet exploit !

Quels sont les « meilleurs ennemis » du Lièvre ?

Le Dragon et sa flamboyance entrent souvent en conflit avec l'énergie du Lièvre, paisible et qui n'aime pas être dérangé.

Le Coq a une façon de s'exprimer beaucoup trop directe qui heurte la sensibilité du Lièvre… Et la diplomatie du Lièvre agace le Coq, qui adore quand tout est clair et net !

La Home Sweet Home *du Lièvre*

La maison du Lièvre est tellement douillette !

Son sens de l'esthétique le fait vivre dans un lieu très Yin, paisible et calme, dans lequel il a besoin de se sentir en paix et en sécurité.

Le Lièvre aime les maisons en bois, car elles lui rappellent son essence primordiale.

Des matières nobles et douces lui permettent de s'épanouir dans sa maison.

Un jardin ou un balcon rempli de végétaux est primordial pour ce natif.

Il ne faudra pas négliger l'aspect Yang pour permettre à la maison d'être animée et lui donner un coup de boost quand c'est nécessaire !

Tips activités Lièvre

La broderie, écrire un roman, aller au musée de la Vie romantique, dessiner… le Lièvre adore !

Lièvre de Bois Yin (1975, 2035)

Ce natif est souvent au bord de l'implosion émotionnelle, car extrêmement sensible. Il sait s'adapter, mais ne parvient que très rarement à savoir ce qu'il veut réellement au fond de lui-même.

Une grande classe naturelle émane de sa personnalité et il est très élégant et distingué. C'est un érudit qui adore lire les grands classiques.

C'est un être qui a besoin de se retrouver en société pour s'exprimer et partager.

C'est le plus diplomate de tous les natifs du Lièvre et il prend son temps pour convaincre son entourage professionnel et personnel qu'il a raison sur de nombreux sujets !

C'est un être qui recherche la nouveauté, notamment dans tout ce qui touche le domaine artistique.

Lièvre de Feu Yin (1927, 1987)

Le Feu ajouté au Bois du Lièvre booste ce natif et lui donne une confiance en lui plus forte qu'aux autres natifs du Lièvre, car c'est un natif qui est très généreux. Le Feu lui apporte de la joie de vivre qu'il partage volontiers avec ceux qui lui sont chers.

C'est un être qui a besoin de s'évader dans sa tête et de rêver.

Le revers de la médaille est que ce Lièvre fuit toutes sortes de conflit : il préfère se cacher et ne rien dire plutôt que de faire voler en éclat ce qui ne lui convient pas… Cela peut le conduire à des situations de non-retour et de blocage qu'il a beaucoup de mal à gérer sans les considérer comme des défaites.

Lièvre de Terre Yin (1939, 1999)

Sortir de sa zone de confort ? Ah non, certainement pas !

Ce Lièvre déteste les changements et a besoin d'un maximum de confort et de sécurité dans tous les domaines de sa vie.

Il n'est en aucun cas un aventurier !

Il apprécie les bonnes manières, la vaisselle en argent sur une table élégante et les dîners mondains, où il peut briller grâce à sa vaste culture.

Il ne laissera rien au hasard et sera très pointilleux, y compris dans sa vie sentimentale, où l'apparence prend toute son importance…

Lièvre de Métal Yin (1951, 2011)

Le Métal, ici associé au Bois originel du Lièvre, lui apporte des conflits intérieurs auxquels il lui est bien difficile de faire face…

En revanche, dans la vie de tous les jours, il est volontaire, trouve des solutions, agit, va de l'avant ! Le Métal lui permet d'avoir un sens de l'analyse pertinent.

Il est endurant et aura très souvent des postes à responsabilité après avoir franchi toutes les étapes.

Il communique sans détours, ce qui le différencie de ses congénères, qui ont beaucoup plus de diplomatie que lui !

Lièvre d'Eau Yin (1963, 2023)

Ce natif est très lié à la spiritualité, au monde de l'invisible, dont il se sert pour ressentir les énergies du monde.

C'est aussi le plus sensible et introverti de tous les Lièvres. L'Eau peut lui apporter de la confusion quand il s'agit de se décider, ce qui n'est déjà pas son point fort !

Il est très souvent noyé dans ses pensées et son esprit prend le contrôle.

L'énergie de l'Eau lui apporte un trop-plein émotionnel : il passe en deux minutes de la joie à l'angoisse, de la peur au rire…

Rester ancré est un vrai défi pour ce natif du Lièvre.

En revanche, s'il se sent soutenu et en sécurité, il pourra déplacer des montagnes !

Le Dragon

« Il existe partout et toujours, de façon inconsciente, une disposition à vivre un miracle. »

Carl Gustav Jung

The only one !

Le seul animal imaginaire du zodiaque chinois… enfin, normalement !

Il est le « héros positif » du zodiaque chinois, une personnalité qui ne peut vivre sans un but précis à atteindre, se plongeant à fond dans ses projets.

Son énergie est inépuisable. Il a une confiance illimitée et inébranlable en lui et en ses capacités. Et c'est vrai qu'il est assez incroyable, tant au niveau de ses capacités que dans ses réalisations.

Son charisme l'aide grandement dans la faisabilité de ses projets les plus fous et les plus ambitieux. Pour un natif du signe du Dragon, rien n'est impossible ! Le « non » n'existe pas et il faut bien admettre qu'on ne lui refuse pas grand-chose…

Doté d'une grande force et d'une incroyable vitalité, soutenu par une volonté immense, il décide très tôt de ses idéaux et se prend très jeune en charge.

Dans tous les domaines, il manifeste une vivacité et un zèle remarquables.

C'est l'animal des synchronicités : il possède une aura magique qui fait que des miracles se produisent grâce à lui !

C'est un *showman* et de nombreux comédiens qui font du seul-en-scène possèdent du Dragon dans leur thème… et c'est bien normal, car c'est lui le roi, non ?

Rien ne l'arrête : quand il s'est décidé, il mettra tout en œuvre pour atteindre son but.

Ses paroles et ses actions sont souvent spectaculaires et époustouflantes. Il affronte tous les obstacles sur son chemin comme si sa vie en dépendait.

Une de ses grandes qualités est l'honnêteté.

Sa vie est guidée par le devoir et la justice. Il déteste la médiocrité et la malhonnêteté. C'est une personne sincère, incapable de mentir, toujours prête à aider ceux qui sont réellement dans le besoin. Il ne fuit jamais ses responsabilités.

Il est en permanence dans la démesure et il croit toujours détenir la vérité ! Et c'est souvent la réalité ! Il se fie uniquement à son propre jugement, ce qui peut le conduire à des erreurs de perception…

Bien sûr, il est déraisonnable, égocentrique, despotique, impatient et impulsif ! Mais il s'en fiche, car il vit dans un monde « parallèle ». Attention à ne pas tomber dans un snobisme qui peut l'enfermer dans ce monde…

Professionnellement, toutes les opportunités lui sont accessibles ! Ses nombreux potentiels lui permettent d'être un précurseur dans beaucoup de domaines : si c'est innovant, grandiose, il peut alors pleinement révéler son ambition.

Le Dragon fait la différence en mettant à profit sa capacité de leader à embarquer tout le monde avec lui pour des aventures professionnelles exceptionnelles !

Tout ce qui brille l'attire : le monde du *showbiz*, le milieu politique, les médias… Il excelle dès qu'il doit prendre la parole et convaincre.

Côté cœur, quel séducteur, celui-là ! L'improvisation est son terrain de jeu et avec son éloquence, il fait tourner toutes les têtes ! Mais derrière ce masque, il rêve d'un amour grandiose et digne du cinéma… Avec lui, aucun risque de routine, l'aventure vous attend à chaque recoin de son château !

Quelques pistes de réflexion pour changer ta vie de Dragon

As-tu tendance à fuir la réalité ?

Comment peux-tu stimuler ton imagination ?

Es-tu souvent dans l'excès et la démesure ?

Quelles sont les actions que tu peux mener pour prendre ta place de leader ?

GRANDES QUALITÉS	PETITS DÉFAUTS	AMOUR TOUJOURS
Grande vitalité *Showman* Enthousiaste	Perfectionniste Autoritariste Irréaliste	Charismatique Mon langage de l'amour : les cadeaux

Quels sont les Dragons célèbres ?

Salvador Dalí (1904)

Christian Dior (1904[1])

Bruce Lee (1940)

Quels sont les amis du Dragon (amour, amitié, milieu professionnel) ?

Le Coq et le Dragon partagent le même goût pour l'extravagance et une vie hors du commun ! L'extraordinaire, ils adorent !

Le Rat est complètement séduit par la majesté du Dragon et ce dernier adore la vivacité du Rat et sa capacité à comprendre et à retranscrire ses visions imaginaires dans la vie de tous les jours.

Quels sont les « meilleurs ennemis » du Dragon ?

Le Chien adore être tranquille chez lui et ne pas trop s'aventurer sur des terrains inconnus. Le Dragon trouve le Chien trop pessimiste et n'aime pas les limites que ce dernier lui impose.

---

1. Étant né en janvier 1905, il est un Dragon puisque l'année chinoise débute en février chaque année.

Le Lièvre prend son temps, pèse le pour et le contre, a souvent peur quand il y a besoin de s'adapter… Tout l'inverse du Dragon, qui fonce en une fraction de seconde.

J'ai eu en séance un couturier très renommé qui avait du Dragon et du Lièvre : une association extraordinaire en termes de créativité, mais une complexité interne difficile à concilier dans son quotidien.

La Home Sweet Home *du Dragon*

Il aime que sa maison soit PARFAITE… comme lui, en toute modestie !

Son intérieur est très créatif et il aime que ça se voie.

N'ayant en général pas de souci d'ordre financier, c'est un esthète qui va avoir chez lui des œuvres d'artistes avant-gardistes et contemporains, mais également une bibliothèque remplie de livres qui explorent les mystères de l'intuition, les sciences occultes, l'histoire des peuples premiers.

Sa décoration est de nature Yang : très dynamique avec des couleurs vives.

Il sera important d'apporter du Yin dans les matières (des rideaux en lin, de gros coussins…) afin de rééquilibrer (un peu !) l'énergie dix mille volts du Dragon !

Tips activités Dragon

Se lancer dans les crypto monnaies et le trading, faire du montage de films vidéo, regarder les étoiles…

Dragon de Terre Yang (1928, 1988)

Ce natif, avec l'apport supplémentaire de Terre Yang, est le plus ancré dans la réalité.

Il adore se porter au secours des plus faibles avec sa grande générosité et il déteste les injustices. Ce grand optimiste sera toujours prêt pour une nouvelle aventure, quelle qu'elle soit !

Il est très joyeux et adore réunir ceux qui l'aiment autour d'une bonne table ! Il est très populaire, adore réunir des personnes au potentiel innovant, même s'il reste mesuré et va œuvrer pour que son rêve devienne réalité.

Il aime fonder une famille extraordinaire pour laquelle il est présent et il aimer transmettre la passion de la découverte à ses enfants.

Dragon de Métal Yang (1940, 2000)

La volonté, l'ambition et l'obstination : voici la trilogie qui résume ce natif du Dragon.

Dans la tradition chinoise, on dit qu'il fait fuir les fantômes… Autant vous dire que la puissance de ce natif est irréelle !

Il ne recule devant rien et il va jusqu'au bout du processus, qu'il ait raison ou non !

C'est un guerrier justicier.

Quand il a décidé quelque chose, il tranche et vite.

Son charisme fait tourner bien des têtes, souvent sans qu'il en ait conscience, et encore moins le contrôle. Il a un goût prononcé pour le risque et il aime diriger et emmener sa troupe jusqu'à la victoire.

Sa santé est quasi sans faille, quelle chance !

Dragon d'Eau Yang (1952, 2012)

Compliqué de savoir qui est réellement ce Dragon… Avec l'Eau Yang qui se rajoute à son énergie, c'est une personnalité insondable qui est toujours en mouvement et bien difficile à suivre… C'est un être assez secret qui a de nombreuses activités.

C'est le plus « traditionnel » de tous les Dragons : il n'aime pas se tourner vers de nouvelles technologies ou techniques.

L'Eau apporte à ce natif une spiritualité assez développée et c'est un vrai visionnaire.

Son mouvement permanent l'amène soit à changer de métier assez fréquemment, soit à effectuer plusieurs tâches dans son domaine d'activité.

Il adore voyager et rencontrer des peuples premiers et mystiques qui lui enseignent leurs savoirs ancestraux.

Dragon de Bois Yang (1964, 2024)

C'est le plus créatif de tous les Dragons, non seulement parce qu'il a esprit ouvert et spontané, mais aussi en raison de son goût prononcé pour la beauté.

Il est extrêmement apprécié, car c'est une personnalité douce et attachante. Et c'est aussi le savant fou du zodiaque !

Ce natif a besoin de vibrer et c'est en se sentant utile qu'il atteint son but. En développant sans cesse sa curiosité, il se laisse inspirer au gré des rencontres amicales, amoureuses et professionnelles. Son esprit est très vif et il ne s'endort jamais sur une belle découverte sans la développer et en faire profiter autrui : la réussite pour lui n'est jamais aussi belle que partagée.

En revanche, s'il est doté d'une grande ouverture sur l'autre, ce natif est d'une jalousie féroce qui peut l'empêcher d'être en harmonie amoureuse… Il est exceptionnel, il n'a pas besoin d'être jaloux !

Dragon de Feu Yang (1976, 2036)

La vie pour ce natif est synonyme de prise de risques. Il est d'une intelligence exceptionnelle et d'une intuition visionnaire.

Le Feu, associé à la Terre du Dragon, lui confère une énergie débordante qu'il a du mal à canaliser… Soit on est avec lui, soit on est contre lui et dans ce cas, il n'hésite pas à vous le faire savoir d'une façon très claire et tranchante.

Ce natif est un idéaliste et il fait tout pour réaliser ses rêves les plus précieux.

C'est un être qui « sait » de façon intuitive dans quelle direction aller et on le suit volontiers, car ses visions sont justes. Néanmoins, il vous fera toujours emprunter des chemins détournés, dangereux et rapides.

Ce perfectionniste, s'il ne supporte pas qu'on lui barre la route, adore faire partager ses victoires, qu'il clame haut et fort !

Il doit être toujours nourri par une flamme intérieure intense, sinon sa vie devient dépourvue de sens et il peut sombrer dans la dépression.

Le Serpent

« L'âme, c'est par elle que la vraie beauté d'un corps rayonne, c'est par elle qu'en réalité les corps qui s'aiment communiquent. »

François Cheng

Ce natif est le plus mystique et énigmatique de l'ensemble du zodiaque chinois.

C'est un intellectuel qui cherche à vivre intensément, animé par la flamme intérieure du Feu Yin. C'est un signe très puissant et magnétique qui sait lire dans l'âme humaine et cerne très bien les autres. Son intuition est également souvent très juste, c'est un signe qui « voit » au-delà des apparences.

Il peut être un intellectuel de grande valeur. Il est toujours en quête de nouvelles émotions et de nouvelles occasions pour exprimer pleinement son intelligence et sa capacité d'action.

Cet animal a le sens des responsabilités et fait preuve de beaucoup de sang-froid en période de crise. Sa force et sa sagesse apparaissent dans les moments les plus difficiles : il reste lucide et imperturbable, même devant les situations les plus délicates. Son sens aigu des responsabilités et sa volonté peuvent le conduire à des rôles sociaux très importants.

Il a très souvent des idées assez innovantes et aime atteindre ses objectifs sans trop se fatiguer ! Il préfère se prélasser au soleil et faire travailler les autres une fois qu'il a imaginé le processus.

Grâce à son sixième sens très développé, il trouve souvent seul, avec beaucoup de bon sens, des solutions ingénieuses aux problèmes les plus complexes. Il voit également ce qui est caché.

C'est un être indépendant qui a du mal à exprimer ses sentiments, car le monde des émotions lui fait peur.

Comme on a l'impression que c'est un sage, son côté intense et passionné ne se voit pas au premier regard. Mais ne vous y trompez pas, ce signe est extrêmement passionné, avec une grande sensibilité qu'il n'arrive pas à comprendre ni à exprimer, ce qui peut lui occasionner des angoisses assez fortes.

Son humour est assez décapant et il est toujours un peu en marge de la société.

Il adore être dans une vie confortable et luxueuse. Il excelle dans des métiers liés à l'art, à la beauté, à l'écriture, à la poésie, mais aussi dans tous les domaines énergétiques ou médicaux.

Son rapport à l'argent est simple : il aime en gagner beaucoup et en dépenser, autant pour lui que pour ses amis et sa famille. C'est un être généreux qui ne compte pas.

Le Serpent travaille souvent seul, il avance à son rythme et peut souvent accomplir en peu de temps beaucoup plus de travail qu'un autre. Pour ne pas frôler le burn-out et une charge mentale très lourde, il est important qu'il s'octroie des périodes de repos, car malgré son apparence décontractée, sa tension intérieure est très importante…

Sa volonté est en acier trempé : quand il a un objectif en vue, il fera tout pour l'atteindre, même s'il doit y passer vingt ans de sa vie… De toute façon, il est immortel, alors la notion de temps lui importe peu !

Il séduit par sa simple présence, pas besoin d'en rajouter ! C'est un être qui adore se parer avec élégance et subtilité pour faire ressortir sa beauté naturelle. Il aura toujours le petit plus chic et discret qui fait la différence. Son côté mystérieux est très attirant, mais il peut se sentir exclu, car il laisse toujours planer un doute sur ses sentiments.

Symboliquement, sa mue lui permet de dépasser des souffrances de vie importantes, comme s'il renaissait de ses cendres.

J'ai du Serpent de Feu dans mon pilier de l'année : la guérison est une histoire de famille, car il y avait de nombreux médecins du côté de ma maman, et mon arrière-grand-père paternel coupait le feu[1] et guérissait les hommes et les animaux… Le reste de mon thème, notamment le Singe, ne m'a pas mise sur une route médicale traditionnelle, mais plutôt sur une compréhension des mécanismes de l'âme afin de les libérer…

Quelques pistes de réflexion pour changer ta vie de Serpent

Quelles sont les actions que tu peux mettre en place pour activer ta spiritualité et ta paix intérieure ?

Comment et avec qui ta jalousie et ta possessivité se manifestent-elles le plus ?

Expérimente ton rapport à la sensualité.

Ose une expérience mystique.

GRANDES QUALITÉS	PETITS DÉFAUTS	AMOUR TOUJOURS
Mystique Puissant Perspicace	Insondable Froid Calculateur	Magnétique Sensuel Mon langage de l'amour : le toucher physique

Quels sont les Serpents célèbres ?

Robert Downey Junior (1965)
Bob Dylan (1941)
John F. Kennedy (1917)
Franklin Roosevelt (1882)

1. « Couper le feu » signifie soulager les brûlures.

Quels sont les amis du Serpents (amour, amitié, milieu professionnel) ?

Le Dragon partage avec le Serpent cette dimension « magique » et mystique, cela leur permet de communiquer à un autre niveau par rapport à tous les autres animaux du zodiaque chinois.

Avec sa vision avant-gardiste du monde, le Singe plaît au Serpent, qui est passionné par tout ce qui est extraordinaire.

Le Coq, pour lequel l'apparence est extrêmement importante, adore l'élégance détachée du Serpent. Le Serpent, quant à lui, admire son excentricité !

Quels sont les « meilleurs ennemis » du Serpent ?

Le Tigre a une énergie puissante et directe qui refroidit le Serpent, qui, lui, aime prendre son temps et réfléchir avant d'agir.

Le Cochon, qui aime la simplicité de la vie et s'amuser, ne comprend rien au Serpent, qui est magnanime et mystérieux. Le Cochon a beaucoup de mal à se retrouver sur le même terrain que le Serpent en discutant de football tout en buvant des bières : ils sont diamétralement opposés.

La Home Sweet Home *du Serpent*

Le mystique s'invite dans la maison du Serpent.

Des déités de différentes religions, des bougies un peu partout pour prier un Dieu ou éloigner de mauvais esprits…

Le « plus grand que soi » est important pour cet animal et on retrouve souvent des représentations de symboles ésotériques dans sa décoration, avec des livres, des bibelots…

Son intérieur est assez Yin, avec des matières et des couleurs tendres ponctuées à certains endroits de touches plus intenses.

La couleur or est la préférée du Serpent… la couleur alchimique par excellence.

Tips activités Serpent

Tirer les cartes, parler avec les animaux, devenir un pro de l'acupression du visage, se faire bronzer et ne rien faire !

Serpent de Bois Yin (1965, 2025)

La créativité sous toutes ses formes guide le Serpent de Bois. Il adore en outre se cultiver et il se passionne pour l'art.

Il est autant porté sur l'art moderne, avec le Bois Yin, que sur les antiquités qui lui rappellent ses vies antérieures…

La curiosité l'habite et il aime rechercher et fouiller dans les domaines qu'il ne connaît pas encore, mais où il excellera très vite.

Il aime énormément partager et c'est le Serpent qui est le plus ouvert sur les autres, sans pour autant être condescendant.

Serpent de Feu Yin (1977, 2037)

Intensité et charisme régissent la vie du Serpent de Feu.

Rien ni personne ne lui résiste et il adore ça ! Il voit les opportunités avant les autres.

En étant irrésistible, le Serpent de Feu pense qu'il peut tout réussir… ce qui est souvent le cas ! Il est tellement drôle et subtil qu'il a un entourage hétéroclite, mais encore faut-il distinguer les vrais des faux amis… Son besoin de reconnaissance peut lui faire perdre un instant son intuition, mais il ne tarde jamais à la retrouver.

Aussi étrange que cela puisse paraître, il peut se sentir facilement isolé, car il est beaucoup jalousé.

Il vit souvent dans le luxe et côtoie des personnalités reconnues, quel que soit leur domaine d'activité.

Serpent de Terre Yin (1929, 1989)

L'ajout de Terre apporte à ce natif la volonté de construire un foyer heureux et harmonieux avec l'être aimé.

Ayant du mal à gérer ses émotions, il peut avoir des difficultés de communication et ne pas savoir s'exprimer avec son cœur... Eh oui, le Feu du Serpent étant Yin, donc intérieur, ajouté à la Terre, cela ralentit et peut paralyser sa parole.

S'il est frustré, il peut développer des comportements compulsifs dans bien des domaines, notamment ceux liés aux énergies, et devenir accro aux voyantes et autres diseuses de bonne aventure...

Professionnellement, cela sera plus facile pour lui en termes de communication, car il saura convaincre ses interlocuteurs.

Serpent de Métal Yin (1941, 2001)

Ce natif a une très juste vision d'autrui grâce au Métal Yin, qui lui permet de faire mouche quand il s'agit de décrypter une situation ou une personnalité.

Il peut être un excellent juriste, car il sait analyser, décrypter l'alinéa 22 de la page 314 que personne n'aura jamais lu. Ensuite, il tranche et ne fait pas dans la demi-mesure. Malgré cela, il sait pardonner, car il a conscience que l'erreur est humaine.

Il n'aura aucun problème financier, mais il peut susciter l'envie s'il ne reste pas suffisamment discret. Ce n'est pas qu'il se vante de sa richesse, mais plutôt que son habitude de couvrir les autres de cadeaux peut attirer la convoitise.

Serpent d'Eau Yin (1953, 2013)

Il est le plus jaloux de tous les Serpents sans que se cela se voie une seconde !

L'Eau de ce Serpent lui confère un aspect parfaitement insondable : on ne sait jamais ce qu'il pense, on ne connaît pas la façon dont il va agir et se positionner, la direction qu'il va prendre...

Le mystère du natif du Serpent est ici à son apogée...

Il peut être homme d'affaires le lundi et vendeur de glaces le mardi en passant totalement inaperçu. Il adore également être le centre de l'attention… Il est à la fois le clown qui rit et celui qui pleure.

Il fait ce qui lui plaît quand ça lui plaît et a beaucoup de difficulté à inclure ceux qui l'entourent dans sa vie.

Il ne se prive de rien et dépense sans compter, mais il rebondit toujours.

Le Cheval

« Si j'avais su que je l'aimais tant,
je l'aurais aimée davantage. »

Frédéric Dard

L'indépendance, voilà ce que souhaite conserver à tout prix le Cheval dans sa vie.

Soit on l'aime et on le suit, soit il poursuit sa route seul…

C'est un aventurier dans l'âme et il privilégie l'émotion sur la raison. Il peut soudainement décider de quitter son travail stable pour partir en voyage sans aucune préparation, simplement parce qu'il en ressent l'envie.

Incapable de freiner ses impulsions et certains sentiments, il peut se mettre en colère de manière spectaculaire pour ensuite se calmer aussi rapidement, ce qui illustre son inconstance. Aucun autre signe n'illustre autant que lui combien les émotions influencent l'humeur de chacun.

Ah, le Cheval est décidément bien difficile à suivre !

Il possède une grande énergie et une capacité d'action exceptionnelle. Un jour, il peut organiser une fête improvisée pour ses amis et, le lendemain, décider de partir en randonnée en montagne seul… Il vit selon ses envies.

Il est indépendant et imprévisible et s'il rencontre des difficultés dans un projet, il préfère souvent changer de cap plutôt que de persévérer. Suivre des règles (mises à part celles qu'il s'est créées !) l'étouffe et il gère très mal les contraintes.

C'est un rebelle qui n'écoute pas les conseils, car lui seul a raison !

Son énergie très Yang lui confère une très grande vitalité et il a du mal à se reposer et à tenir en place.

C'est un colérique excessif et extravagant qui vit constamment les montagnes russes émotionnelles dans son for intérieur.

Malgré cela, il est très sociable et on apprécie sa compagnie pour son caractère brillant, souvent très drôle et enjoué.

Il sait comment trouver de la motivation et la faire partager autour de lui.

C'est un anticonformiste, mais qui garde les pieds sur terre : il agit seulement à sa manière, avec excentricité dans la plupart des cas.

Il préférerait avoir un travail indépendant dans lequel il est en mouvement, car être sur une chaise derrière un ordinateur, très peu pour lui ! Les horaires fixes ne conviennent pas au Cheval, qui a besoin de liberté pour travailler quand et où bon lui semble.

Travailler en collaboration peut être difficile pour lui, car ses collègues auront parfois du mal à le comprendre et à le suivre.

Et le Cheval veut garder les lauriers et les louanges pour lui.

Étant un gros bosseur, s'il est à son compte, il n'aura aucun souci pour gagner de l'argent et bien vivre.

Amoureusement, il déploiera tous ses charmes et fera de grands efforts pour séduire la personne qu'il aime.

Et des coups de cœur, il en a surtout dans sa jeunesse ! Attention à ne pas être trop contrôlant avec son partenaire, qui pourrait se lasser de l'autorité du Cheval. Avec la maturité, il se calme et partage avec ses enfants le sens des valeurs et l'anticonformisme.

Quelques pistes de réflexion et conseils pour changer ta vie de Cheval

Suis-je intolérant dans certaines circonstances et avec certaines personnes ?

Quel est ton rapport à l'autorité ?

Le temps est-il un allié pour toi ?

Mets plus de douceur dans ta vie.

GRANDES QUALITÉS	PETITS DÉFAUTS	AMOUR TOUJOURS
Dynamique Généreux Autonome	Inflexible Impatient Hypersensible	Mon langage de l'amour : les moments de qualité

Quels sont les Chevaux célèbres ?

Jean Renoir (1894)

Eugène Delacroix (1798)

Sean Connery (1930)

Quels sont les amis du Cheval (amour, amitié, milieu professionnel) ?

Le Chien et le Cheval s'adorent ! Ce sont deux amis qui aiment s'amuser et le Cheval pousse le Chien à sortir de sa tanière pour des aventures rocambolesques. Avec le Cheval, le Chien a moins peur de sortir de sa zone de confort.

Le Cheval partage le goût de l'aventure et du risque avec le Tigre. Ce sont deux animaux très dynamiques qui aiment se défier.

L'énergie de la Chèvre est semblable à celle du Cheval dans son impétuosité et son caractère rocambolesque. Ils sont complémentaires dans leur énergie, féminine pour la Chèvre et masculine pour le Cheval.

Quels sont les « meilleurs ennemis » du Cheval ?

Le Rat aime aller au fond des choses et étudier chaque détail, tandis que le Cheval a une vision d'ensemble : le Rat est beaucoup trop pointilleux pour le Cheval, qui préfère changer d'objectif si tout ne se passe pas comme prévu.

Le Buffle aime réussir, et le Cheval aussi, sauf que le Buffle prend son temps et met à l'honneur ceux qui l'ont aidé à gravir les marches de la gloire, tandis que le Cheval veut tout, tout de suite et uniquement pour lui…

La Home Sweet Home *du Cheval*

Difficile de s'endormir dans la maison d'un Cheval !

Ce signe aime que sa maison soit un peu clinquante, qu'on la voie de loin.

Il y a beaucoup de musique dans la maison d'un Cheval, et le volume est souvent poussé à fond !

Étant très créatif, il aime fabriquer des objets. Il apprécie aussi les couleurs chaudes et un bazar non contenu, car ce n'est pas le roi du rangement !

Aimant avoir une cour à sa disposition, les amis ne manqueront pas sous forme de joyeuses tablées.

Des rideaux en étoffes douces, des coussins moelleux, des couleurs chaudes réconfortantes pourront lui permettre de ralentir un peu son énergie et de se poser chez lui.

Tips activités Cheval

Jouer au tennis, courir un 100 mètres plus vite que tout son quartier ou encore lire lui feraient le plus grand bien, mais il n'a pas le temps !

Cheval de Bois Yang (1954, 2014)

Pour ce Cheval, la liberté est une valeur sacrée qu'il ne faut absolument pas compromettre.

Impossible de le dompter, même avec l'âge !

Il est extrêmement populaire, car il adore plaisanter et mettre les autres en valeur.

Il communique avec plus de douceur que ses congénères.

Le Bois tempère l'énergie fougueuse du Feu. Même si ce Cheval reste flamboyant et extraverti, il sait mettre à l'honneur ceux qui l'entourent et reconnaître leurs actions.

Bien sûr, il est difficile de lui faire entendre raison, comme pour les autres Chevaux, et son orgueil lui fera prendre de mauvaises décisions à certains moments.

Il est très actif et a besoin que la personne qu'il aime le soit également.

Cheval de Feu Yang (1966, 2026)

Un coup de tonnerre dans le ciel, voilà comment résumer l'énergie du Cheval de Feu !

Ce natif n'en fait qu'à sa tête et cela ne sert à rien de vouloir l'arrêter.

Il doit prendre soin de son cœur et ralentir un minimum le rythme (surtout en 2026, où l'année universelle sera Cheval de Feu) pour ne pas avoir de fragilité cardiaque.

Sa créativité est assez fulgurante et il a des coups de génie, notamment dans le domaine artistique. J'ai en séance de nombreux comédiens connus qui ont du Cheval de Feu : on ne peut pas passer à côté d'eux… Ce sont en général des êtres remarquables et qui sont remarqués !

Quand il se passionne pour un domaine d'activités, le Cheval de Feu est très doué et explore toutes les possibilités, même les plus incongrues, pour que son projet soit un succès.

Il n'a besoin de rien faire pour séduire : il est !

Cheval de Terre Yang (1978, 2028)

Ce natif est le plus stable de tous les Chevaux. En effet, la Terre lui apporte de la stabilité et un ancrage plus profond que pour les autres Chevaux.

C'est aussi celui qui cherche de vrais liens avec les autres, qui a le plus de profondeur dans sa manière de communiquer et une véritable écoute pour sa tribu. Il est beaucoup plus empathique que ses congénères et il est vraiment soucieux de faire plaisir à ceux qu'il aime. Il aime le contact, ce qui en fait un être moins solitaire que les Chevaux des quatre autres éléments.

Mais la contrepartie est qu'il est aussi le plus indécis… Il a beaucoup de mal à faire un choix et à s'y tenir, car il peut être trop prudent et s'immobiliser. Il lui arrive souvent de lancer un projet qui semblait porteur au départ, mais avec le temps, son enthousiasme diminue et l'idée initiale, prometteuse, finit par ressembler à une simple envie passagère…

C'est un signe avec de belles valeurs morales, qu'il aime revendiquer.

Il aime passer du temps avec sa famille.

Cheval de Métal Yang (1930, 1990)

Attention, énergie *caliente* avec ce Cheval !

Quelle autorité naturelle se dégage de ce natif du Cheval ! Le métal Yang lui apporte un esprit vif, une réactivité incroyable, des prises de position bien tranchées.

Alors, avec ou contre le Cheval de Métal Yang ? Car lui se positionne de manière tranchée, il sait ce qu'il veut, où il veut aller et avec qui.

Ready to go à n'importe quel moment !

Prendre des risques est une seconde nature pour lui, cela pimente sa vie et lui procure une bonne dose d'adrénaline.

Il conserve son grand cœur de sensible et son intuition, même s'il peut se laisser embarquer par ses impulsions…

Il est élégant, il le sait et en use auprès de ses conquêtes.

Cheval d'Eau Yang (1942, 2002)

Pour ce natif, l'Eau Yang entre en forte opposition avec l'élément principal du Cheval, le Feu Yang, ce qui peut engendrer de l'incompréhension à son égard.

Il peut alors se sentir rejeté et se cabrer pour un long moment… Son excessivité s'accroît avec cet élément.

L'Eau lui confère également une grande intuition, lui permettant de comprendre profondément les situations et les personnes. Il est un fin psychologue qui saisit les méandres de l'âme humaine, bien qu'il ait du mal à se comprendre lui-même.

Il excelle dans les métiers de communication, qui lui permettent d'épuiser cette Eau qui le rend si sensible.

La Chèvre

« Pour être irremplaçable, il faut être différente. »

Coco Chanel

J'adore la Chèvre ! Même si, avec tout mon Métal, j'ai du mal à la comprendre et même si elle peut m'énerver plus qu'aucun autre animal…

Mon papa avait une Chèvre dans son pilier de l'heure (et l'heure est liée aux enfants, donc à moi). Je suis d'une nature non colérique, car je n'ai pas de Bois (le Bois étant entre autres l'élément lié à la colère), mais mon père et sa Chèvre avaient le don de me faire sortir de mes gonds ! Je l'aime plus que tout, mais cette Chèvre qui me répète mille fois la même chose jusqu'à ce que je craque m'agace profondément depuis ma naissance !

La Chèvre est l'animal porte-bonheur du zodiaque chinois : toujours avoir une Chèvre à portée de main !

Ce natif est le plus créatif du zodiaque chinois, tous les arts passionnent la Chèvre et elle trouve son inspiration dans la nature.

Le caractère de la Chèvre est doux et très sociable, elle est très attachante, mais a du mal à se fixer des objectifs sur le long terme… Son humeur change aussi vite qu'un orage arrive et elle a du mal à être objective avec elle et avec les autres.

Elle adore passer d'une idée à une autre, d'un dîner à un autre, d'un amoureux à un autre !

Rien n'est grave avec elle, elle se laisse bercer par les événements et les épreuves que la vie lui apporte.

C'est un être néanmoins tourmenté. Pourtant, elle possède une grande force intérieure et est capable de prendre des décisions fermes, même si elle a tendance à être lunatique et inconstante. Elle aime tout ce qui est beau, le luxe et elle adore ne rien faire !

C'est une contemplative de la vie.

Et le travail dans tout ça ? La Chèvre adorerait ne pas travailler, elle adore le travail bien fait… par les autres !

C'est une élégante pacifiste qui aime prendre soin de sa famille de sang ou de cœur. Les conventions ne l'intéressent guère et si elle a envie de se créer une autre famille que celle que la vie lui a imposée, elle en prendra soin et la protégera.

La Chèvre déteste la solitude et même si elle est extrêmement sensible, elle est facilement blessée, parfois par des petits riens. Il n'est pas rare qu'elle passe de longues périodes à se plaindre sans reconnaître sa part de responsabilité.

Ce natif du zodiaque peut sombrer dans un pessimisme récurrent et se laisser aller à des humeurs noires. Elle est aussi indisciplinée et déteste qu'on lui adresse des critiques.

Elle hésite beaucoup, a du mal à faire des choix et à s'y tenir… Eh oui, l'herbe est peut-être plus verte ailleurs et dans un autre pays !

Comme elle adore les belles (très belles !) choses, c'est une sacrée dépensière. Cela lui occasionne du stress, ce qu'elle ne sait pas vraiment gérer… Alors, elle continue à dépenser, car demain est un autre jour !

Le budget n'est qu'un mot et ça n'est pas dans les métiers de la finance que la Chèvre va s'épanouir ! On la trouvera plutôt dans des domaines artistiques, comme designer, créatrice de mode, écrivaine, artiste peintre, fleuriste…

La Chèvre est une amoureuse romantique qui adore séduire et être séduite. Elle a beaucoup de difficulté à exprimer ses sentiments quand elle tombe amoureuse. Il en est de même quand elle est malheureuse : elle refoulera ses émotions négatives plutôt que de les affronter.

Concernant la vie de famille, la Chèvre, si elle a des enfants, va avoir du mal à leur imposer un cadre, car elle-même n'en a aucun ! En revanche, ce sera un parent créatif et aimant.

Et un petit secret sur la Chèvre : on dirait qu'elle a trouvé la formule magique pour ne pas vieillir, elle qui paraît toujours d'apparence juvénile… Quelle chance !

Quelques pistes de réflexion pour changer ta vie de Chèvre

Trouve une routine pour que tes émotions ne te débordent pas.

Deviens adulte à propos de ton rapport à l'argent et de la façon dont tu le dépenses et/ou le thésaurises.

Quels sont les moyens que tu as à ta disposition pour entrer en contact et activer ta « bonne étoile » ?

Quels sont les moyens que tu peux mettre en œuvre pour te sentir en sécurité ?

GRANDES QUALITÉS	PETITS DÉFAUTS	AMOUR TOUJOURS
Chanceuse Gentille Artiste	Irresponsable Indécise Vulnérable	Douce Mon langage de l'amour : les services rendus

Quels sont les Chèvres célèbres ?

John Ford (1895)
Honoré de Balzac (1799)
Johnny Hallyday (1943)

Quels sont les amis de la Chèvre (amour, amitié, milieu professionnel) ?

Le Lièvre et la Chèvre partagent le même sens de l'esthétique et le goût pour ce qui est élégant. Ils se comprennent sans mots grâce à leur sensibilité à fleur de peau.

Le Cheval est un bon partenaire pour la Chèvre, car il allume la flamme chez elle avec son énergie débordante qui n'a peur de rien ni de personne. La Chèvre se sent rassurée auprès du Cheval.

Quels sont les « meilleurs ennemis » de la Chèvre ?

Le Rat, quel rabat-joie, celui-là... Il calcule tout le temps et la Chèvre en a horreur ! La logique du Rat l'angoisse et le Rat s'énerve contre la Chèvre qui est beaucoup trop désinvolte pour lui !

Quant au Buffle, il peut rassurer la Chèvre, mais elle s'ennuie très vite avec lui et va vouloir découvrir de nouveaux horizons, alors que le Buffle est un sédentaire.

La Home Sweet Home *de la Chèvre*

Tout est douillet dans un intérieur de Chèvre : les couleurs sont pastel, les formes, arrondies, il y a de nombreux gros coussins sur le canapé, où la Chèvre adore passer son temps à rêvasser et à se prélasser !

La lumière est tamisée et l'intérieur est un peu désuet, avec de vieilles photos en noir et blanc d'acteurs célèbres ou de créateurs de mode illustres.

De nombreux livres d'auteurs classiques sont présents dans la bibliothèque.

Elle a néanmoins du mal à retrouver de nombreuses choses, car c'est une vraie étourdie !

Un ordinateur à la maison ?! Oh non, c'est bien trop moche !

Tips activités Chèvre

Elle accompagne le Lièvre à une expo photo, elle rêve à un monde meilleur et le crée en racontant des histoires qu'elle couche sur le papier, elle écrit une pièce de théâtre pour enfants…

Chèvre de Bois Yin (1955, 2015)

C'est la Chèvre la plus joyeuse du zodiaque !

Elle embarque tout le monde pour des aventures plus rocambolesques les unes que les autres.

Quand elle aime, elle aime sans demi-mesure, comme une enfant, et vous le dit : « Je t'aime pour toute la vie, je te le promets. »

Ce natif a un besoin extrême d'être entouré, car il cherche dans le regard de l'autre la validation de ce qu'il est. La Chèvre est une créatrice géniale, totalement atypique, qui peut souvent se sentir incomprise par son entourage, dont elle prend grand soin.

Chèvre de Métal Yin (1931, 1991)

Ici, le Métal confère à la Chèvre un goût encore plus prononcé pour ce qui est esthétique. Elle est perfectionniste et prend soin de tous les détails.

C'est la Chèvre qui va être la plus minutieuse dans ce qu'elle entreprend ; elle effectue un travail soigné avec une grande dextérité.

Elle sait gérer un budget et tient ses comptes d'une main de fer, ce qui est incroyable pour une Chèvre !

Sa personnalité est bien trempée et rien ni personne ne la détournera de son objectif.

Son sens de l'honneur est un gage de grande qualité pour ceux qu'elle aime, car elle est sincère et ne s'engage pas à la légère.

Chèvre de Feu Yin (1967, 2027)

L'élément Feu, associé à la Terre de la Chèvre, apporte un côté flamboyant à ce natif.

Cette Chèvre est une passionnée terriblement drôle dont la compagnie est très recherchée.

Elle adore, elle adooore ! Parfois un peu trop, car elle peut se lancer dans des aventures dont elle n'aura absolument pas mesuré les conséquences. Mais peu importe, elle vit !

Elle s'engage dans des causes qui lui tiennent à cœur et elle saura parfaitement plaider en leur faveur, car elle possède un verbe haut qui n'est pas aisément déstabilisé.

Chèvre de Terre Yin (1979, 2039)

Le surplus de Terre de ce natif lui apporte plus de réconfort et de stabilité dans ses émotions qu'aux autres natifs du signe.

Elle est très attachée à sa terre originelle et à son ancrage. Elle prend grand soin de son lieu d'habitation, qu'elle chouchoute comme s'il s'agissait d'un membre de sa famille. Elle ne papillonne pas d'un partenaire à un autre, ça ne l'intéresse pas. Bien au contraire, elle trouve son bonheur dans son couple et dans sa famille, qui participent à son confort de vie paisible et sage.

Elle aime vivre relativement simplement (c'est une Chèvre quand même, ne l'oublions pas !), mais est moins sociable que les autres Chèvres.

Même si elle est relativement patiente et d'humeur stable, elle ne supporte pas du tout la pression, que ça soit dans le travail, dans la famille ou avec un amoureux. Elle se transforme alors en boule de stress et peut tout envoyer balader !

Chèvre d'Eau Yin (1943, 2003)

C'est les montagnes russes émotionnelles permanentes pour ce natif… En effet, l'Eau déstabilise la structure Terre de la Chèvre, déjà assez fragile... Que c'est difficile de faire des choix avec ce natif du zodiaque !

Heureusement, ce natif a de la chance et même une grande chance (notamment financière) !

La mère d'une amie a trois Chèvres dans son thème, ce qui est beaucoup et cela la rend très créative, mais totalement dispersée.

Se positionner est difficile pour la Chèvre d'Eau Yin et même quand elle y arrive, elle peut décider de tout changer à la dernière minute...

C'est une nostalgique des moments passés et elle aime se plonger dans les histoires d'amour à l'eau de rose, juste pour pleurer et se sentir vivante !

Le Singe

« Ils me disent : "Si tu vois un esclave endormi,
ne le réveille pas. Il rêve peut-être de liberté."
Et je leur dis : "Si je vois un esclave endormi,
je le réveille et je lui parle de liberté." »

Khalil Gibran

Le Singe est un optimiste, joueur et avide de désir. De tous les désirs ! C'est ce qui constitue son carburant dans la vie. Il veut s'amuser et la vie de tous les jours devient barbante s'il trouve qu'il ne joue pas assez !

C'est un grand enfant.

Le désir sexuel est une des énergies qui le fait fortement vibrer et qui anime son quotidien. Il a également besoin d'être stimulé intellectuellement en permanence et est toujours à la recherche du partenaire idéal qui, bien sûr, n'existe pas ! Aussi le Singe est-il souvent déçu en amour de par son impossibilité à voir la vie en rose...

Pourtant, le Singe ne manque pas de créativité ! On a du mal à le suivre tellement son esprit va viiiite… C'est le Métal Yang qui constitue son élément principal et donne cette énergie de vitesse, parfois jusqu'à la précipitation !

L'énergie du Singe ne répond à aucun cadre, il a horreur de ça et si vous cherchez à le contraindre ou à le faire rentrer dans un moule, il disparaîtra, en quête de nouvelles aventures.

Cet animal est visionnaire : il voit, il imagine avant tout le monde et il sait qu'il est doué, ce qui peut lui donner un complexe de supériorité… Quand il est décidé, rien ni personne ne peut l'arrêter. À cause de son grand enthousiasme et de sa vivacité, nombreux sont ceux qui sont enclins à le suivre.

C'est un charmeur rusé qui sait s'attirer les bonnes grâces de tous. En tant que génie du cycle, il est doté d'un esprit vif, se distinguant par son intelligence, sa flexibilité et sa capacité à innover. Le Singe résout facilement des problèmes complexes et apprend avec une rapidité étonnante. Il peut maîtriser n'importe quel sujet et possède généralement un talent particulier pour les langues, car le Métal de son signe lui apporte l'oreille musicale, ce qui lui permet de reconnaître, de reproduire et de mémoriser facilement les sons, les mélodies ou les rythmes.

Avec son côté joueur, cet original du zodiaque peut se lancer dans à peu près tous les domaines professionnels qu'il souhaite. Il y apporte son ingéniosité, de toute façon.

Lors d'une séance, j'ai eu une consultante qui avait du Singe de Feu et aussi du Serpent (ce qui est un duo détonant…). Elle était chimiste ou plutôt alchimiste : elle devait trouver un moyen de ralentir le processus par lequel le Métal entrait en fusion sous l'effet de l'énergie du Feu… Incroyable, mais vrai ! Je me souviendrai toujours de cette séance.

Le Singe trouvera toujours comment financer ses besoins grâce soit à des stratagèmes plus ou moins douteux, soit à une idée de génie qui lui fera gagner pas mal d'argent sans trop travailler.

Côté cœur, le Singe est un romantique sensuel et mystérieux, ce qui le rend très attirant pour ses partenaires. Il est investi dans sa famille et avec son âme de grand enfant, c'est un parent attentionné et, bien sûr, très joueur !

Quelques pistes de réflexion pour changer ta vie de Singe

Quelle est pour toi la définition de la liberté ?

Comment peux-tu mettre ta curiosité au service de ton innovation dans la vie quotidienne ?

Si on se montre indifférent à ton égard, que ressens-tu ?

Le « non » est-il facilement acceptable pour toi ?

GRANDES QUALITÉS	PETITS DÉFAUTS	AMOUR TOUJOURS
Visionnaire Instinctif Enthousiaste	Arrogant Opportuniste N'en fait qu'à sa tête	Sensuel Charismatique Mon langage de l'amour : les cadeaux

Quels sont les Singes célèbres ?

Coluche (1944)

Tom Hanks (1956)

George Lucas (1944)

Quels sont les amis du Singe (amour, amitié, milieu professionnel) ?

Le Serpent est un grand sensuel, comme le Singe, et son côté mystérieux attire beaucoup le Singe, qui est un grand curieux !

Avec le Dragon, il peut repousser encore plus les limites du possible et créer des projets totalement innovants.

Le Rat et le Singe ont la même vivacité d'esprit et de mouvement. Le Rat apporte au Singe une stratégie et une communication qui agissent comme un accélérateur de projets et le Singe adore ça !

Quels sont les « meilleurs ennemis » du Singe ?

Le Cochon ne comprend rien au Singe et vice versa ! Ces deux-là ne sont pas sur la même longueur d'onde, c'est le moins que l'on puisse dire ! La simplicité du Cochon et sa façon de se laisser vivre ne conviennent pas au Singe, qui a besoin d'être stimulé en permanence. Ce qui pourrait les rapprocher serait leur âme d'enfant… Alors, qui fera le premier pas ?

Le Tigre et sa fougue agacent le Singe, car il pourrait rivaliser avec son charisme félin… ce qui, bien sûr, ne plaît pas du tout au Singe… Et la nonchalance du Singe agace le Tigre…

La Home Sweet Home *du Singe*

La maison du Singe est remplie de gadgets et d'une décoration colorée et ludique.

Il y a des mélanges de couleurs, de textures audacieuses.

Pas certain que tout soit parfaitement harmonieux, mais le Singe s'en fiche !

Le principal, c'est la créativité et chez un Singe, on s'amuse !

La musique vient renforcer la dynamique du lieu.

L'intérieur de ce natif est bruyant, *fun* et inventif. On ne s'ennuie pas dans cette maison remplie d'amis, où le Singe adore faire son show et discuter à bâtons rompus en ayant, bien sûr, raison sur tous les sujets !

Un peu de douceur, avec des matières comme le Bois travaillé ou l'osier, serait la bienvenue dans sa demeure.

Tips activités Singe

Les jeux de sociétés (s'il ne perd pas !), le saut à l'élastique, le motocross, partir en montgolfière le temps d'une soirée.

Singe de Bois Yang (1944, 2004)

La zone de confort n'est qu'mot pour ce natif du Singe !

Il cherche le danger, les sensations fortes, à se mettre à l'épreuve, change d'avis comme de liane et se balance d'un état émotionnel à un autre en deux secondes…

Quel intrépide il fait !

Le Bois Yang entre en conflit direct avec l'énergie primordiale du Métal Yang et l'instabilité de sa vie est son socle, aussi étrange que cela puisse paraître.

L'argent n'est pas sa motivation, mais explorer l'inconnu, si !

Ce Singe n'est jamais là où on l'attend et il est difficile à suivre pour la majorité des autres animaux. Il est insouciant et il aime cet état de légère dangerosité, ou tout du moins de non-contrôle. Il aime aller à la recherche d'aventures incroyables, car ça le rend vivant et si vous avez envie de le suivre, soyez certain que vous allez être gâté en sensations fortes !

Singe de Feu Yang (1956, 2016)

C'est lui le Chef et il ne laissera sa place à personne d'autre ! Il n'aime pas la concurrence et déteste que l'on remette en question son autorité.

Vous l'aurez compris : le Feu Yang apporte de l'adrénaline à ce Singe et lui confère le don d'avoir gain de cause pour tout ce qu'il souhaite. Il est brillant et il le sait.

Ce natif a des objectifs clairs et il ne s'en cache pas : il souhaite les honneurs et la réussite financière. Le commerce et les négociations sont un jeu d'enfant pour lui et il remporte souvent le premier prix.

Il fera tout pour arriver à son but, il travaillera sans relâche, il repoussera ses limites jusqu'à l'épuisement, mais il sera le roi du monde, c'est le minimum pour un Singe de Feu Yang !

Le Feu apporte aussi l'envie de faire plaisir aux personnes qui comptent pour lui et quand il le fait, c'est bien sûr avec faste et volupté !

Que ce natif n'aille cependant pas trop vite, car le Feu peut causer quelques hauts et bas de son cœur, tant au niveau sentimental que physique.

Singe de Terre Yang (1968, 2028)

C'est le plus empathique des cinq Singes : il aime comprendre, analyser avant de se lancer dans une aventure quelconque !

La Terre Yang lui amène une certaine sagesse et il est un bon conseiller. Il aime apprendre et chercher à son rythme, qui est relativement lent pour un Singe. Cette temporalité lui confère de rarement se tromper dans ses élans professionnels. Et lorsqu'il doit changer sa destinée, cela s'effectue naturellement, sans heurts.

Ce natif est assez ouvert d'esprit et ne souffre pas de complexe de supériorité comme ses congénères, ce qui l'amène quelquefois à avoir un jugement erroné dans son analyse.

Il peut manquer à certains moments de persévérance, mais il arrive très souvent à ses fins si elles sont alignées avec son destin.

Singe de Métal Yang (1980, 2040)

Le Métal accentue l'énergie primaire du Singe, ce qui a pour effet de rendre ce natif très pressé de réaliser sa mission de vie, mission dans laquelle il s'investit à corps perdu, peu importe les moyens pour y arriver !

Rien ne le détourne de son but.

C'est un innovateur né et il souhaite que ses efforts soient couronnés du succès qu'ils méritent.

Le Singe de Métal apprend, comprend, invente vite et parfaitement. Il bénéficie autour de lui d'une cour qu'il a choisie et qui lui apporte un soutien indéfectible.

Il est tellement enjoué et convainquant qu'il n'a aucun mal à trouver des collaborateurs pour le seconder.

Ce natif est le meilleur défenseur d'une cause que l'on puisse trouver.

Singe d'Eau Yang (1932, 1992)

Avec l'Eau Yang qui imprègne ce natif du Singe, les chimères peuvent être nombreuses et à différents niveaux.

En effet, l'Eau soulève le Singe du plancher des vaches… Il n'a déjà pas beaucoup d'intérêt pour la vie matérielle, mais avec cette combinaison, le Singe est encore plus connecté à la vie spirituelle.

Le bon côté de l'Eau est qu'elle lui apporte une intuition aiguisée et une extrême sensibilité. On peut même parler de clairvoyance, car le Singe d'Eau Yang a une capacité à communiquer avec les esprits des défunts.

Il y a presque dix ans, lors d'une de mes séances, j'ai eu en consultation un jeune homme qui s'interrogeait sur sa place dans la société : était-elle spirituelle ou matérielle ?

Il était ingénieur et a quitté son emploi pour s'engager dans un ordre religieux qui œuvre en Afrique, notamment pour construire des puits…

Le Coq

« Ne craignez pas la perfection,
vous ne l'atteindrez jamais. »

Salvador Dalí

Le Coq est le plus beau, le plus intelligent, le plus drôle, le plus dynamique, le plus loyal, le plus flamboyant, le plus, le plus, le plus !

Eh oui, les natifs de ce signe ont en général une grande confiance en eux et ils en rajoutent !

Le Coq a un seul élément, qui est le Métal Yin, ce qui signifie qu'il est extrêmement perfectionniste et que le lâcher-prise n'est qu'un vague concept pour lui !

En effet, les Coqs peuvent outrepasser leur énergie même si celle-ci est très intense et, de ce fait, être sujets au burn-out, à l'hyperactivité, à des tics ou à des obsessions.

Le Métal leur prête beaucoup de courage et de détermination dans la réalisation de leurs objectifs, qu'ils vont mener à bien quoi qu'il arrive.

Les Coqs s'engagent souvent dans des causes qui leur tiennent à cœur et font de très bons psychanalystes, juges ou médecins, car ils adorent disséquer l'âme humaine. Ce sont des travailleurs acharnés et leurs capacités intellectuelles et d'analyse en font très souvent des leaders charismatiques.

L'ambition, dont ils ne se cachent pas, booste leurs nombreux talents innés.

La parole d'un Coq est d'or : il mettra tout en œuvre pour réaliser ce qu'il vous a promis, car c'est un animal au grand cœur toujours prêt à vous secourir.

Le Coq peut se sentir vite incompris, car sa façon de penser est souvent attachée aux détails plus qu'à une vision globale qu'ont d'autres animaux. Il peut devenir cassant s'il se sent rejeté et se réfugier dans une sorte de vantardise mal placée.

L'obstination est une de ses plus grandes fragilités, tout comme son orgueil, qui peut le faire se sentir rejeté et le rendre encore plus cassant et fier.

Le Coq, avec le Métal Yin, adore briller de mille feux et se distinguer : c'est un orateur talentueux, bien plus à l'aise dans les grands dîners mondains où il se sentira dans son élément, plutôt que dans de petits comités où sa réserve pourrait être mise à l'épreuve.

Financièrement, le Coq occupe souvent des postes à grandes responsabilités et c'est un très bon gestionnaire.

Il s'assurera que sa famille ne manque de rien et aura souvent le flair pour dénicher des placements innovants.

Très souvent élégant et attaché aux détails de ses vêtements, il aime dominer et diriger en amour. Ses partenaires sont très souvent éblouis par son énergie débordante, son optimisme et sa loyauté.

Si vous devenez sa cible, il fera tout pour vous conquérir et sortira les grands moyens de Coq ! Résistez si vous le souhaitez, mais ça ne durera pas très longtemps !

Quelques pistes de réflexion pour changer ta vie de Coq

Y a-t-il des domaines de ta vie dans lesquels tu es intolérant ?

Est-ce que tu arrives facilement à lâcher prise ?

Ton désir de perfection t'empêche-t-il d'avoir une vue d'ensemble sur une situation donnée ?

Est-il important pour toi d'être reconnu ?

GRANDES QUALITÉS	PETITS DÉFAUTS	AMOUR TOUJOURS
Loyal Talentueux Anticonformiste Sincère	Perfectionniste Intolérant Manque de tact	Passionné Pudique Mon langage de l'amour : les paroles valorisantes

Quels sont les Coqs célèbres ?

Bob Marley (1945)
Beyoncé (1981)
Benjamin Franklin (1706)

Quels sont les amis du Coq (amour, amitié, milieu professionnel) ?

Le Serpent partage le sens du beau, du faste avec le Coq. Et ce dernier est hypnotisé par le côté mystérieux du Serpent, qu'il n'arrive pas à analyser… *Hot* combinaison à l'horizon !

Le Buffle a le même sens du travail et du devoir que le Coq : leur parole vaut de l'or et leurs valeurs sont communes et authentiques.

Quel animal peut-il concurrencer le Coq sans qu'il soit vraiment inquiété ? Le Dragon, bien sûr ! Celui-ci étant visionnaire, ils peuvent s'unir pour créer quelque chose d'unique et d'exceptionnel et le Coq adore ça !

Quels sont les « meilleurs ennemis » du Coq ?

La peur du Lièvre s'oppose à la fougue du Coq : le Coq veut briller avec la lumière sur lui tandis que le Lièvre se cache dans son terrier pour maintenir sagesse et paix…

Le Chien, quant à lui, trouve le Coq beaucoup trop intrusif dans sa vie et dans sa maison, et n'a aucune envie de lui rendre des comptes ! Et puis l'empathie n'est pas le point fort du Coq et le Chien n'aime pas ça…

La Home Sweet Home *du Coq*

Une maison bien rangée, qui brille et qui a du panache !

Le lieu d'habitation d'un Coq est souvent garni d'œuvres d'art, de beaux livres et de sculptures. Ça peut être un ensemble d'œuvres assez hétéroclite, car le côté conservateur du Coq se mélange avec son côté tape-à-l'œil.

Le Coq ayant rarement des soucis financiers, il va choisir ce qu'il y a de plus beau (selon son prisme, bien sûr !) et ça doit se voir !

De la musique calme peut l'aider à apaiser son esprit en constante ébullition, ainsi que des fauteuils douillets et de sublimes étoffes colorées.

Tips activités Coq

Danser jusqu'au bout de la nuit au carnaval de Rio, conduire le dernier prototype Ferrari, lire des Agatha Christie pour trouver qui est le coupable !

Coq de Bois Yin (1945, 2005)

Le Métal de ce natif entre en confrontation avec le Bois de l'élément du Coq.

Cet animal va souvent entrer en conflit avec lui-même, car il aura besoin de se prouver (et de prouver à son entourage) qu'il peut y arriver.

Mais la frontière entre la ténacité et l'entêtement est mince et le Coq de Bois peut ainsi s'enliser et accroître ses contradictions intérieures.

Il est alors plus sage de changer de point de vue, ce qui n'est pas le point fort du Coq, qui s'attache trop aux détails et en perd sa vision globale.

Cette opposition d'éléments peut amener le Coq à gagner beaucoup d'argent, puis à en perdre, à avoir de nombreux amis, puis à ne plus les voir. Il peut être maladroit dans ses paroles et devenir blessant à son insu.

C'est un être bon et droit pour lequel les valeurs humaines du courage et de la bravoure sont primordiales.

Il aime séduire et être beau, ce que lui confère l'énergie du Bois Yin, et peut avoir des aventures rocambolesques.

Coq de Feu Yin (1957, 2017)

Tout feu tout flamme ! Voilà qui résume le Coq de Feu Yin !

Il pourrait être comparé au phénix qui meurt et renaît de ses cendres… Une dame de 98 ans est venue me voir un jour en séance pour me demander quand serait son dernier soupir, car à chaque fois qu'elle était sur le point de mourir (elle avait eu de nombreuses et graves maladies), elle avait survécu. Bien sûr, je ne réponds pas à ce genre de question au cours de mes séances, mais il est certain que cette dame avait encore de belles années à renaître !

Cet animal a une grande confiance en lui et une énorme force de vie que lui confère le Feu Yin. Il réalise des projets ambitieux grâce à l'adrénaline et à un optimisme défiant les lois de la réalité. Il aime récolter les lauriers de ses actions seul ; son indépendance et sa liberté d'action sont essentielles à son équilibre.

Bien sûr, à certains moments, il peut se brûler et se consumer. Mais si un nouveau projet titille son intellect et sa volonté de dépassement de soi, alors il foncera crête relevée pour obtenir la victoire ! Car pour le Coq de Feu, il est important de célébrer les victoires : il aime faire son show, mais il garde néanmoins un cœur protecteur envers ceux qu'il aime, car faire le show ne dure qu'un temps… Mylène Farmer a du Coq de Feu dans le pilier lié à sa destinée professionnelle.

Il est possessif en amour, il ne supporte pas que le regard de l'être aimé ne soit pas en permanence tourné vers lui.

Coq de Terre Yin (1969, 2029)

Le Coq de Terre Yin aime avoir une vie confortable.

C'est un courageux qui travaille sans rechigner et qui embarque tous ceux qu'il aime avec lui. Il cherche et il trouve : Albert Einstein avait du Coq de Terre Yin dans son Maître du Jour…

C'est le moins flamboyant des cinq Coqs, mais aussi le moins égoïste, il est plus dans la retenue que ses congénères.

Avec ses qualités de droiture et de volontarisme, il ne supporte pas la roublardise et ne pardonnera pas la malhonnêteté.

Contrairement au Coq de Feu Yin qui, s'il tombe, se relève aussitôt, le Coq de Terre Yin mettra plus de temps à renaître de ses cendres et surtout ne commettra pas deux fois la même erreur. Cet animal se remet en question, même si ça n'est pas flagrant pour ceux qui l'entourent. N'oublions pas qu'il reste un Coq. Il est certes plus sage que ses quatre autres amis du poulailler, mais sa fougue et son entrain restent bouillonnants !

Il gagne facilement la confiance de son entourage, car il sait garder des secrets.

Côté cœur, c'est un amoureux complice et fidèle qui aime prendre soin de sa famille.

Coq de Métal Yin (1981, 2041)

Le Métal Yin renforce l'énergie primaire du Coq, ce qui lui permet de faire mouche à chaque fois qu'il prend la parole.

Ce natif ne passe pas par quatre chemins et va droit au but. La diplomatie, très peu pour lui, il n'y voit qu'une perte de temps.

C'est un excellent analyste du fonctionnement de l'esprit humain. Il excelle dans les métiers de psychanalyste, mais aussi dans les domaines financiers, comme trader ou banquier.

Il peut afficher une confiance en lui sans faille, mais à l'instant où un grain de sable vient entraver ses rouages intellectuels, il peut perdre son sang-froid en un instant et devenir obsessionnel.

Le lâcher-prise est une clé pour se sentir mieux avec lui-même et éviter de devenir chèvre (ce qui ne lui arrivera jamais, la Chèvre étant l'animal qui est le plus étranger à son énergie méticuleuse et pointilleuse !).

Sa personnalité très tranchée peut lui occasionner des disgrâces dans les moments difficiles où on peut lui tourner le dos.

Le côté sentimental peut vite devenir obsessionnel, car il lui est difficile d'ouvrir son cœur et de communiquer à propos de ses émotions et sentiments. En amour, ce natif a besoin de se mettre moins de pression et de se laisser aller…

Coq d'Eau Yin (1933, 1983)

L'Eau, associée au Métal du Coq, renforce et accentue la vitalité de ce natif, lui donnant une santé de fer !

Mais attention au risque de surmenage : même si l'énergie du Coq d'Eau Yin est assez incroyable et peut paraître inarrêtable, il a besoin de plages de repos, tant physique que psychique.

Le Coq d'Eau aime se surpasser, trouver de nouveaux défis à réaliser et en récolter les lauriers.

J'ai eu un client en séance qui avait deux Coqs d'Eau : chaque année, il s'entraînait pour faire un Ironman, cette compétition quelque peu surhumaine qui nécessite des prouesses physiques exceptionnelles et un mental d'acier…

Ce natif est un grand communicant qui a besoin de rêver afin que la réalité ne soit pas trop contraignante et qu'il puisse se lier à une énergie spirituelle dont il a besoin pour avancer.

Côté cœur, il séduit par son verbe drôle et affûté. C'est un amoureux protecteur doté d'un caractère bien affirmé !

Le Chien

« Je ne sais pas où va mon chemin, mais je marche mieux quand ma main serre la tienne. »

Alfred de Musset

Ah, le Chien… Je connais par cœur cet animal, car il est un de mes quatre piliers : le Maître du Jour, le pilier le plus important.

Petite, j'adorais fermer les volets de la maison, je me sentais alors en sécurité et la soirée avec mes parents pouvait commencer ! C'était le meilleur moment de la journée pour moi : bien au chaud, chouchoutée par mes parents.

Le Chien garde la maison, la maison est son territoire, pas étonnant que le Feng Shui soit entré dans ma vie grâce à un emménagement !

J'adore autant partir de ma maison qu'y revenir.

Cet animal est loyal jusqu'au bout de la vie. Le sens de l'amitié, de la famille et de la justice en fait un ami ou un amour attentionné et profond.

En amour, le Chien est un fidèle (et non infidèle !).

Pendant de nombreuses années, je me suis toujours fait passer « en second », au second plan. Je pensais que l'Autre (les autres) avait plus d'importance que ma propre existence.

Le Chien se met souvent entre parenthèses pour laisser le plus gros os à son compagnon ou sa compagne… C'est ainsi, le Chien a un peu, beaucoup, passionnément, trop d'empathie !

Ceux qui sont dans mon cœur et, en premier lieu mes parents, ont toujours été au centre de mes préoccupations et une grande partie de mon existence a été consacrée à les accompagner jusqu'au bout de leur vie.

Oui, le Chien accomplit jusqu'au bout et avec le cœur ses missions de vie.

Cet animal adore la lecture tranquille au coin du feu, les dîners en amoureux toujours dans le même restaurant, les petites habitudes un peu plan-plan…

L'élément principal du Chien est la Terre Yang : les frontières qui délimitent son espace peuvent parfois le faire se sentir emprisonné. Cela crée chez lui un grand besoin de solitude pour recharger ses batteries et lui redonner le dynamisme nécessaire à l'accomplissement de ses missions.

Le Chien est donc une figure de fiabilité et de sincérité, apportant une présence réconfortante et juste dans la vie de ceux qui l'entourent. Que ce soit au travail, en famille ou parmi ses amis, sa loyauté et son honnêteté sont ses traits les plus précieux.

Attention, en amour, le Chien peut avoir le syndrome du sauveur et s'oublier un peu (beaucoup) trop…

Avec ses capacités d'analyse, son empathie naturelle, son sens du devoir et du service, le Chien excelle dans l'aide et l'accompagnement des êtres humains qu'il aime profondément.

Côté finances, le Chien est plutôt du genre à thésauriser qu'à tout dépenser, il aime avoir une vie confortable et vit avec humilité dans son foyer.

Quelques pistes de réflexion pour changer ta vie de Chien…

Par quel moyen peux-tu devenir ta priorité ?

As-tu peur de te sentir abandonné ou rejeté ?

Subis-tu le changement ou sautes-tu à pieds joints dedans ?

De quelle manière peux-tu te sentir en sécurité dans ton quotidien ?

Comment as-tu besoin de te sentir encouragé ?

GRANDES QUALITÉS	PETITS DÉFAUTS	AMOUR TOUJOURS
Confiant Dynamique Empathique Intuitif	Un brin pessimiste… si si ! Intransigeant Cynique Sévère	Fidèle Hypersensible Mon langage de l'amour : les services rendus

Quels sont les Chiens célèbres ?

Mère Teresa (1910)
Steven Spielberg (1946)
Madonna (1958)

Quels sont les amis du Chien (amour, amitié, milieu professionnel) ?

Le Tigre fait rêver le Chien et lui apporte de la gaité en le faisant sortir de sa routine.

Le Lièvre met le Chien dans tous ses états ! Il est tellement séduisant qu'il aiguise tous les sens de l'ami Chien…

Le Cheval et sa liberté absolue : quel bonheur pour le Chien ! Ce duo hyper énergique est capable de soulever des montagnes et de monter un *business plan* dans n'importe quel domaine en un rien de temps.

Le Cochon et le Chien sont les fées du logis ! Le Chien protège la maison et le Cochon fait en sorte qu'elle soit la plus agréable et joyeuse à vivre, avec de bonnes et de nombreuses victuailles pour tous les enfants, la famille, les amis, les amis des amis !

Quels sont les « meilleurs ennemis » du Chien ?

Le Dragon est beaucoup trop « *out of control* » pour le Chien, qui en perd ses repères… et sa maison, car le Dragon, qui n'a pas les pieds sur terre, lui propose d'habiter un château dans les nuages… « Quelle drôle d'idée », se dit le Chien ! « Et si on essayait quand même ? »

Le Coq est tellement extravagant… Le Chien a du mal à être naturel avec le Coq qu'il trouve vaniteux et pompeux… Néanmoins, tel les deux faces d'une même pièce, le Coq peut aussi être très conservateur, ce qui peut le rapprocher du Chien, qui sait ?

La Home Sweet Home *du Chien*

Idéalement, le Chien habite une maison avec un jardin, ce qui va rassurer son besoin d'être connecté à la Terre. Il aime que son habitation soit spacieuse et que chaque pièce puisse avoir une fonction bien précise : sa structure Terre Yang aime classifier, ordonner, structurer !

Le Chien est l'animal du zodiaque chinois d'une maison Feng Shui : il aime que chaque chose soit à sa place, que son intérieur et son extérieur soient propres et bien rangés.

Il adore que l'énergie circule de la meilleure des façons.

Amis Chiens, vous adorez être chez vous, cela vous rassure !

Besoin d'un coup de patte pour faire la vaisselle ? Pas de souci, vous répondez toujours présent pour aider un membre de la famille.

Tips activités Chien

Regarder *J'irai dormir chez vous*, se lancer dans une nouvelle déco pour sa maison, se délecter d'un thé japonais dans ses plus jolies pantoufles, dire « je t'aime » à ceux qui sont dans son cœur.

Le Chien de Bois Yang (1934, 1994)

Vous entrez en contact avec vos congénères avec une grande sincérité : se lier à l'autre est très aisé pour vous.

L'énergie du Bois amène beaucoup de créativité dans votre personnalité, mais il y a également une certaine rigidité en vous.

Difficile de vous faire changer d'avis : quand vous avez décidé, c'est comme ça et pas autrement !

Il y a une certaine exigence de perfection dans le natif du Chien de Bois Yang qui peut entraîner des blocages ou des retards dans la mise en action, notamment financière.

Le Chien de Bois Yang est un travailleur, il fonce avec beaucoup d'entrain et sait être fédérateur de belles énergies afin d'entraîner avec lui de nombreuses personnes.

C'est un leader intuitif : il ressent plus qu'il ne réfléchit, le Bois lui donnant cette nature instinctive.

Cet animal est un séduisant sportif qui aime avoir sa soupape d'indépendance tout en étant très prévenant envers sa moitié.

Le Chien de Feu Yang (1946, 2006)

Je suis attachant, je suis passionné, je suis trop bavard, qui suis-je ?

Le Chien de Feu Yang, bien sûr !

Quelle vitalité... Il peut s'épuiser tout seul, tant son engouement de la vie le rend prêt à gravir les montagnes sans avoir conscience d'un potentiel danger...

Son rythme effréné est difficile à suivre pour les autres animaux, il a mille idées à la minute et peut en réaliser autant.

Un Chien de Feu Yang passe rarement inaperçu, tant par sa joie de vivre que par sa capacité à faire rayonner sa bonne humeur.

Il peut s'emporter un peu trop facilement et il doit porter une attention particulière à son cœur, au sens propre comme au figuré.

Côté cœur justement, un certain magnétisme émane de ce Chien, mais il n'en demeure pas moins fidèle et loyal.

Le Feu de ce Chien a des difficultés à communiquer quand il tombe amoureux et, de ce fait, le romantisme n'est pas son point fort !

Le Chien de Terre Yang (1958, 2018)

L'obstination… Vous êtes un têtu ! Oui, oui…

Vous avez raison, un point c'est tout… et vous le proclamez haut et fort !

Et si, par malchance, vous aviez tort ? Ah, pas facile pour vous de reconnaître vos erreurs…

Ce natif peut manquer de tact, tant dans son discours (alors qu'il est si triste et désolé de faire de la peine…) que dans ses actions. C'est un peu un bulldozer.

Le Chien de Terre a du mal à accepter que l'on vienne sur ses plates-bandes. S'il pense qu'il y a une certaine forme d'ingérence dans sa vie personnelle, alors là notre ami Chien sort son aboiement le plus fracassant !

La parole lui fait souvent défaut quand il s'agit de conter fleurette à l'élu de son cœur et il peut devenir vraiment très maladroit. Mais ce Chien a tellement bon cœur qu'il essaie de se rattraper aux branches comme il peut !

Mon Chien de Terre me pousse à idéaliser l'amour. Mais cette idéalisation rend la déclaration de mes sentiments encore plus difficile…

Le Chien de Métal Yang (1970, 2030)

Le Sherlock Holmes de tous les Chiens ! Un flair à toute épreuve, une lecture de l'âme humaine qui fait mouche ! Et une façon plus que directe d'aborder la vie !

Le Métal de ce Chien tranche et sans détours…

Il est très souvent en décalage avec la majorité de l'opinion publique et a de ce fait du mal à se faire entendre et comprendre. Aussi est-ce un Chien qui peut se sentir aisément exclu et se refermer sur sa maison.

Il est le justicier de tous les Chiens ; nombreux sont les avocats et magistrats que j'ai eus en séance qui avaient du Chien de Métal : il fouille, il trouve, il analyse, il tranche toujours en faveur du plus démuni, de celui qui a eu le moins de chances dans la vie.

Son élégance naturelle fait qu'il est assez courtisé, mais il peut aussi intimider par la froideur qu'il dégage. C'est un Chien honnête qui ne mentira pas en amour, mais aura du mal à exprimer ses réels sentiments à cause de sa grande pudeur.

Le Chien d'Eau Yang (1982, 2042)

Quel aventurier vous faites !

L'Eau apporte beaucoup de mouvement au natif de ce Chien, mais également une extrême sensibilité et beaucoup d'intuition. Avoir une maison dans chaque endroit qu'il aime : le rêve !

Le Chien d'Eau peut dépasser ses limites tant son besoin de sauver le monde est immense…

Pour ce Chien, il est important de bien choisir ses batailles, car il peut se laisser emporter, tels le flux et le reflux de l'Eau, et ne plus pouvoir retrouver le chemin de sa maison.

Communiquer est la clé de la réussite d'une vie amoureuse épanouie pour ce natif du Chien d'Eau. Très séduisant et séducteur dans la première partie de vie, il aime conquérir, papillonner dans des relations amoureuses multiples et variées ! Avec l'âge, il se calmera… un peu !

Le Cochon

« Il y a deux jours dans l'année où l'on ne peut rien faire. Ils s'appellent hier et demain. Pour le moment, aujourd'hui est le jour idéal pour aimer, croire, faire et principalement vivre. »

Dalaï-Lama

Fromage ou dessert ?

Pour le Cochon, ça sera fromage ET dessert, merci !

Vous êtes un gourmand de la vie et la vie vous le rend bien… un petit embonpoint peut vite se dessiner sur votre silhouette !

Amis Cochons, vous avez décidé que la vie serait une fête et force est de constater que vous mettez tout en place pour y arriver.

Quels joyeux lurons vous faites !

Dans les personnes qui me consultent en séance ou pour du Feng Shui, j'ai de nombreux restaurateurs et ils ont très souvent du Cochon dans leur thème, car c'est un métier qui convient parfaitement aux Cochons.

Le sens du service, l'amour de la bonne chère et les plaisirs simples, toutes ces qualités font du Cochon un véritable épicurien qui ne renonce jamais à une invitation à dîner…

Le Cochon aime partager et être dans le moment présent : son sens du timing peut laisser à désirer et il n'est pas le roi de la ponctualité ! Il en met du temps pour faire les choses… C'est certainement parce qu'il se délecte à chaque instant des plaisirs de la vie.

Cet animal aime tellement les gens qu'il déteste les conflits et fait tout pour les éviter ou ne pas les créer. Cela peut lui causer certains petits tracas, car il fait parfois trop confiance et sa naïveté peut lui jouer des tours… C'est l'animal du zodiaque qui risque d'être trahi le plus facilement. Mais comme il n'est pas rancunier et qu'il a envie de croire que les humains ont tous une belle âme, il reproduit souvent les mêmes erreurs…

Côté cœur, le natif de ce signe aime avec romantisme et il le montre ! C'est un démonstratif doux, affectueux, très drôle et un brin démodé.. Le Cochon a un côté un peu *too much* et s'il tombe amoureux de vous, attendez-vous à avoir votre maison remplie de roses, à être couvert de cadeaux et de déclarations enflammées. Roméo n'a qu'à bien se tenir, le Cochon est arrivé !

Très direct dans sa façon d'être, il ne passera pas par quatre chemins pour vous déclarer son amour… même s'il prend son temps !

Pour lui, l'argent sert à être dépensé pour se faire plaisir, mais surtout faire plaisir aux membres de sa tribu. Il ne connaît pas vraiment le livret A ni aucun placement de ce genre !

GRANDES QUALITÉS	PETITS DÉFAUTS	AMOUR TOUJOURS
Chaleureux Convivial Spontané Facile à vivre	Têtu Manipulable Incertain	Romantique Doux Mon langage de l'amour : le toucher physique

Quelques pistes de réflexion pour changer ta vie de Cochon

Quel est le domaine de ta vie dans lequel tu peux t'imposer des limites le plus facilement ?

Crée une routine (légère, sinon tu ne feras rien !) d'exercices physiques au quotidien.

Comment te positionnes-tu quand tu es en groupe ?

Quels sont les Cochons célèbres ?

Philippe Etchebest (1966)
Hillary Clinton (1947)
Gad Elmaleh (1971)

Quels sont les amis du Cochon (amour, amitié, milieu professionnel) ?

Avec sa force, le Tigre rassure le tendre Cochon qui peut parfois manquer de confiance en lui.

La douce Chèvre et le Cochon adorent partager des moments en toute simplicité, car ils aiment tous les deux la fantaisie et les choses simples.

Le Chien et le Cochon partagent la même empathie, le même amour pour une famille heureuse dans une maison remplie d'amis et d'enfants.

Quels sont les « meilleurs ennemis » du Cochon ?

Le Singe est beaucoup trop intransigeant et rêveur pour le Cochon, qui ne comprend pas sa façon de fonctionner. Le Singe calcule trop et trop vite pour le Cochon, qui aime prendre son temps !

Le Serpent est sur un mode de vie spirituel, tandis que le Cochon aime les plaisirs de la vie réelle et le concret. Ils ont donc du mal à se rejoindre, chacun vivant sur un mode étranger à l'autre.

La Home Sweet Home *du Cochon*

Une maison où le frigo est rempli avec beaucoup d'amour !

Le Cochon adore recevoir, partager, réunir autour de sa table.

C'est la maison du bonheur avec le Cochon : il déniche pour sa progéniture le chocolat que personne ne trouve, la meilleure bouteille de vin est sur la table avec des verres en cristal de la grand-mère Edmonde (verres qu'il peut maladroitement faire tomber, bien sûr !).

Tous ceux qu'il aime sont réunis à sa table et il y aura toujours une place pour vous le soir de Noël (et les autres soirs également) si vous êtes seul…

Tips activités Cochon

Prendre des cours de cuisine avec un grand chef, se produire seul sur scène pour des concours d'impro, prendre des cours de chant, faire rire ses enfants.

Cochon de Bois Yin (1935, 1995)

C'est le Cochon le plus cool, le plus créatif et le plus empathique de tous les Cochons.

C'est un artiste qui a besoin de s'exprimer, que cela soit dans l'écriture, la peinture, les arts en général.

Ce natif a besoin de vivre dans la nature, dans un environnement paisible et joyeux.

C'est un être généreux dont la compagnie est recherchée, car il sait écouter et conseiller. Il est drôle et apaisant : c'est un excellent médiateur et un collaborateur précieux dans le contexte professionnel.

Il sait mettre en valeur les autres et adore travailler en équipe, ce qui est très apprécié par sa hiérarchie.

En revanche, il ne connaît pas ses limites et peut se retrouver facilement dans une grande fatigue, tant émotionnelle que physique. Le Bois Yin lui apporte une grande émotivité qu'il peut mettre au service d'un métier d'accompagnement.

Il n'est pas à l'aise quand il y a de la compétition, car c'est un concept qui lui est totalement étranger !

Il adore transmettre et le fait avec ferveur et une grande humanité.

L'engagement sentimental peut lui faire peur, car c'est un être qui peut manquer de confiance en lui… C'est un cœur d'artichaut hypersensible que l'on peut aisément blesser par manque de tact.

Cochon de Feu Yin (1947, 2007)

Quel bon vivant, ce Cochon de Feu Yin !

Le Feu apporte une bonne dose de panache à ce natif du Cochon.

Il aime être à l'initiative de projets qui le passionnent et dans lesquels il entraîne toute sa joyeuse tribu : créer avec ambition, telle est la devise de ce Cochon.

Néanmoins, le Feu s'oppose à l'Eau, qui est l'élément maître du Cochon. Il peut provoquer des tensions intérieures et des tiraillements si tout ne se passe pas comme prévu… Et dans son engouement, le Cochon de Feu Yin peut perdre de vue ces « légers » détails qui feront toute la différence.

Mais avec son énergie débordante, ce Cochon arrivera certainement à ses fins, car tout le monde est séduit par son grand cœur et lui pardonnera ses petites sorties de route… s'il ne fait pas son têtu et accepte de s'adapter, ce qui n'est pas chose aisée pour lui.

Le Cochon de Feu Yin aime la fidélité et il ne supportera pas d'écarts de la part de l'élu de son cœur. Et il ne faut pas oublier que c'est un jaloux possessif.

Cochon de Terre Yin (1959, 2019)

Le Cochon de Terre Yin est un travailleur qui ne rechigne pas au dur labeur.

La Terre Yin présente dans ce natif va lui permettre de moins foncer tête baissée et de réfléchir avant de se lancer dans un projet, quel qu'il soit.

Il est moins spontané et plus introverti que les autres Cochons, ce qui lui permet de ne pas s'engager à la légère, car il aura étudié minutieusement toutes les possibilités qui s'offrent à lui.

Il est consciencieux, réfléchi et connaît ses limites (ce qui n'est pas vraiment le cas des autres Cochons !).

Il peut parfois être en contradiction avec lui-même, car la Terre va imprégner l'Eau de son thème et de ce fait ralentir sa spontanéité et sa confiance en lui.

Il peut alors un peu perdre pied, se montrer plus influençable et être dans l'indécision…

C'est un amoureux calme et attentionné, qui aime passer du temps avec sa famille et ses amis en petit comité.

Cochon de Métal Yin (1971, 2031)

Quel séducteur, ce Cochon !

Ah, il aime ce qui brille, ce qui est élégant, ce qui se voit, vivre et partager un certain standing. Il n'est jamais aussi heureux que lorsque le feu des projecteurs se pose sur lui et le met en valeur.

Ce natif aime parler et convaincre, ce qu'il réussit aisément, car il conserve la bonhomie et l'humour du Cochon, mais le Métal Yin le rend également très précis, perspicace et technique.

Il aime apprendre, comprendre, détailler et réussir.

Aussi sera-t-il doué pour tout ce qui est lié aux finances et n'aura-t-il a priori pas de souci pour gagner confortablement sa vie.

Grâce à son verbe haut et à sa force de conviction, le Cochon de Terre Yin plaît et il peut user et abuser de son charme…

Cochon d'Eau Yin (1983, 2043)

Avec le Cochon d'Eau Yin, tout est trop, tout le temps et avec tout le monde !

Le Cochon d'Eau Yin n'aime pas le conflit et le fuit, il ne cherchera pas à avoir raison ou à vouloir imposer ses idées. Il s'adaptera ou il se mettra en retrait. En effet, l'Eau Yin fait de lui un hypersensible et il peut se sentir facilement exclu si on ne prête pas suffisamment attention à lui. Il a une intuition et un instinct qui sont assez développés, mais il peut aller contre son ressenti pour faire plaisir, et s'en mordre les doigts par la suite.

Il possède une imagination foisonnante et adore être sur le devant de la scène, car à cet endroit, il se sent exister.

Côté cœur, ce natif doit être totalement fusionnel avec l'être aimé pour se sentir en sécurité.

Et les vacances dans tout ça ?

Le Rat

Il peut rester chez lui et voyager dans le virtuel, mais il peut également faire un *road trip* accompagné de tous ses amis (dans des cinq étoiles de préférence !) en prenant trois avions, quatre trains, quelques bus et un vélo électrique dernière génération !

Le Buffle

Une belle maison dans un endroit où il ne fait pas trop chaud, au calme, à bouquiner des romans, une musique douce et ses enfants : voilà les vacances parfaites de notre ami le Buffle !

Le Tigre

L'amusement est le maître mot de ses vacances ! Des activités *fun*, le plein de sensations fortes, et que tout le monde le voie : jet-ski, virée en moto, alpinisme sont au rendez-vous !

Le Lièvre

Des musées, des expos et encore des musées !

Il se pare de ses plus beaux atours et prend le temps de se poser et de se reposer en flânant devant des vitrines de luxe et en se délectant du dernier roman à la mode.

Le Dragon

Il imagine des vacances extraordinaires, comme un voyage sur la Lune ou aller aux Jeux olympiques ! Ou les deux !

Le Serpent

L'idéal pour lui est de se prélasser au bord de la piscine, de se faire dorer au soleil, et surtout de ne rien faire !

C'est le moment de se poser, de se détendre et de laisser le temps filer.

Le Cheval

L'authenticité, la simplicité, le « sans prise de tête » ! Et de l'action, de la découverte, *let's go* ! Et ne prenez pas Tatie Danielle avec vous, sous peine de ruiner vos vacances !

La Chèvre

Évidemment, elle drague ! Dans de beaux (de très beaux !) endroits : des châteaux, des palais, des restaurants trois étoiles… Le camping, ce n'est définitivement pas son genre !

Le Singe

Il va dans les boîtes de nuit les plus à la mode, il rigole, il vit avec légèreté, car il ne prend jamais rien vraiment au sérieux.

Et s'il peut faire « le mur », se mettre gentiment en danger et faire quelques excès, alors ses vacances seront *rock'n'roll* et réussies !

Le Coq

Saint-Trop', vous avez dit Saint-Trop' ?

Il danse jusqu'au bout de la nuit avec les YouTubeurs les plus (re)connus, mais peut aussi se réfugier dans la maison de ses amis d'enfance pour partager ses souvenirs d'adolescence… Ah, la nostalgie du Coq !

Le Chien

La maison familiale remplie d'amis, de tous les cousins, les oncles, les tantes, les enfants des amis d'amis et tout ce joyeux petit monde qui se rencontre dans la maison du Chien !

Le Cochon

Peu importe le lieu, c'est en priorité avec qui et ce qu'il y a dans les assiettes !

Que ça soit la recette de la tarte aux pommes de l'arrière-grand-mère Madeleine ou bien le trois étoiles Michelin, le Cochon s'épanouit dans des vacances gourmandes, qu'il partage bien entendu avec ceux qui sont dans son cœur.

Avant de lire le chapitre 4, reprenez le tableau du début page 62 et notez le nombre de Yin et de Yang, autant pour les animaux que pour les éléments.

	HEURE	JOUR	MOIS	ANNÉE
TRONCS CÉLESTES				
BRANCHES TERRESTRES				
TRONCS CACHÉS				

Nombre de Yin :
Nombre de Yang :

Instant méditation

Posez-vous quelques instants. Vous pouvez allumer une petite bougie ou un bâton d'encens.

Fermez les yeux et prenez une grande inspiration, comme si vous vouliez aspirer au plus profond de vous tous les animaux et tous les éléments qui vous représentent.

Visualisez vos différents animaux et laissez-vous surprendre par un détail de chaque animal et de chaque élément (par exemple, pour le Tigre une rayure de son pelage, pour le Feu Yang un rayon de soleil qui vous réchauffe…).

Ressentez profondément l'énergie de tous ces animaux et de tous ces éléments qui composent votre être profond, votre empreinte céleste.

Pour intégrer ce moment, vous pouvez poser une main sur votre cœur afin de célébrer la reconnaissance de votre essence profonde.

CHAPITRE

4

L'ÉNERGIE DE TRANSFORMATION : HARMONISER SON ESPACE POUR SOUTENIR SES OBJECTIFS

Qu'est-ce que le Feng Shui exactement ?

•

Le diagnostic énergétique pour comprendre son lieu de vie

•

Le Yin et le Yang

•

La mise en adéquation de son thème avec son lieu de vie

•

Le Ming Gua comme clé de compréhension

•

Le principe de l'analogie

•

Habiter son lieu en conscience avec les cinq éléments

•

Pour aller plus loin : les différents systèmes en Feng Shui traditionnel chinois

•

Le Feng Shui des plantes

•

Bonus : les plantes sacrées et leur utilisation en pharmacopée

•

Les couleurs et l'énergie des lieux

•

« Je suis chez moi, je suis arrivé.
Il n'y a qu'ici et maintenant.
Bien solide, vraiment libre,
Je prends refuge en moi-même.
Je suis chez moi, je suis arrivé.
Il n'y a qu'ici et maintenant.
Bien solide, vraiment libre,
Dans la terre pure, je m'établis. »

Thích Nhất Hạnh

Nous sommes intimement connectés à nos lieux de vie. Ils nous influencent au quotidien, même si nous n'en avons pas toujours conscience. L'énergie de Transformation nous montre que pour changer notre vie, nous pouvons aussi commencer par transformer notre environnement.

Le Feng Shui traditionnel chinois nous apprend à lire l'énergie des lieux et à harmoniser ces derniers pour qu'ils deviennent des alliés puissants. Ce n'est pas une question de décoration, mais de circulation énergétique, de positionnement, de soutien vibratoire.

Ce chapitre vous guide dans l'exploration de votre habitat et vous montre comment faire de votre maison un espace de régénération, de clarté et de soutien de vos objectifs. Transformer son lieu, c'est se donner une base solide pour évoluer, renforcer sa capacité à attirer et à saisir les opportunités de réussite.

En emménageant dans cet appartement du 6e arrondissement de Paris, j'ai compris ce que signifiait « être en accord avec soi ».

Ce lieu n'était pas plus beau ou plus grand que les autres endroits dans lesquels j'avais vécu…

Il était tout simplement Moi. C'est très étrange de formuler cela de la sorte, mais c'était le cas. Lui et moi ne faisions qu'un. Je savais qu'il y aurait un avant et un après en habitant dans ce lieu.

Je me sentais à la fois hors du temps, en vacances et pleine d'énergie : toutes ces sensations constituent mon quotidien, mais dans ce lieu, c'était comme si l'énergie de la maison me répondait !

Avec mon Chien de Terre, le lieu dans lequel j'habite est primordial : j'ai besoin de me sentir dans mon cocon, avec mes affaires rapportées du bout du monde ou du coin de la rue, mes pompons mexicains, ma terre d'Ibiza, mes meubles en bois exotiques, la statue de Maître Yoda avec son collier de fleurs hawaïennes, mes guirlandes lumineuses…

Bref, une décoration totalement épurée !

La plupart des personnes qui sont venues dans ce lieu se sentaient elles aussi en vacances… Les soirées entre amis ne se terminaient pas vraiment, ou jamais très tôt !

Je travaillais aussi très bien dans cet endroit, je me sentais accompagnée par une intense force invisible.

La proximité de l'église Saint-Sulpice y était pour beaucoup, car une partie de cette église a été construite sur une ligne énergétique très spécifique. C'est Stéphane Cardinaux, architecte suisse et géobiologue, qui m'a formée à la géobiologie, à l'étude de la géométrie sacrée et à l'art des bâtisseurs.

Quand j'ai quitté ce lieu en juillet 2020, ça a été un déchirement… Il a fallu que j'effectue un vrai processus de deuil, une mue pour accepter ma nouvelle vie sans lui… Ce lieu me portait, me supportait… comme mon papa décédé la même année…

En comprenant ce qui se joue dans son intérieur de vie, on arrive à déceler ses blocages à l'intérieur de soi et grâce au Feng Shui, on peut les résoudre.

Le lieu est toujours là pour nous parler de nous à un moment donné de notre vie et nous accompagner sur un chemin de transformation… d'une façon plus ou moins douce !

Qu'est-ce que le Feng Shui exactement ?

Le Feng Shui est une discipline de la métaphysique chinoise qui permet d'harmoniser le Qi, l'énergie de l'environnement extérieur de la maison, avec notre personnalité et ainsi réguler nos émotions pour ressentir un véritable bien-être.

Le Qi, c'est la force vitale et invisible qui anime, relie toutes les composantes de l'Univers et qui relie les êtres vivants entre eux.

Le Feng Shui indique le moyen par lequel l'énergie appelée Qi entre et circule dans un lieu.

C'est le Souffle vital du Dragon.

En connaissant les différents Qi qui circulent à l'extérieur de nos lieux de vie, on va pouvoir « capter » les bons Qi, neutraliser les mauvais à l'intérieur de notre maison et ainsi améliorer notre vie.

Un lieu bien équilibré énergétiquement va soutenir nos objectifs (en nous permettant de nous ressourcer, en facilitant la réalisation de nos projets), tandis qu'un lieu déséquilibré crée des obstacles invisibles (fatigue, tensions, occasions manquées).

Tout un programme !

En connaissant notre personnalité grâce au BaZi, on va pouvoir s'harmoniser avec l'aide de l'énergie de notre maison.

Notre lieu de vie est le miroir de notre personnalité : la maison nous ressemble.

« Dis-moi où tu vis, je te dirai ce que tu vis » pourrait être la devise du Feng Shui.

En fonction des animaux qui vous peuplent, je vais vous conseiller une certaine décoration, des positionnements de meubles, des couleurs, des textures adaptés à vos besoins.

Aux origines du Feng Shui

Le Feng Shui n'a pas toujours été appelé ainsi : le Kan Yu (« étude du ciel et de la terre ») est apparu pendant la dynastie Tang (618-907).

Le Kan Yu, pratique ancestrale liée à la géomancie, avait pour objectif d'identifier, grâce à l'étude du Yin et du Yang, les lieux les plus harmonieux pour les sépultures, afin d'assurer la paix et la prospérité des défunts et de leur descendance.

Au commencement, le Feng Shui ne concernait pas les vivants, mais les morts : il déterminait l'emplacement des tombes et des cimetières, pas celui des maisons et des bureaux.

Les lieux de sépulture étaient choisis soigneusement selon les principes énergétiques (ceux du Feng Shui) dans l'idée que les ancêtres heureux seraient enclins à assurer à leurs descendants une meilleure destinée.

Les Maîtres Feng Shui servaient l'empereur, sa famille, ses officiers et ses hauts fonctionnaires. Peu à peu, les principes du Feng Shui mentionnés dans de nombreux textes classiques remontant à la dynastie Tang ont été élargis aux espaces de vie.

Jadis, les Maîtres Feng Shui affirmaient que « les secrets des cieux ne seraient jamais révélés ».

Ils gardaient précieusement leurs connaissances, les transmettant seulement sur leur lit de mort aux disciples ayant prêté serment de respecter le credo de leur école de Feng Shui.

Après la chute de la dynastie Qing en 1911, n'ayant plus ni famille impériale ni officiers impériaux à servir, les Maîtres Feng Shui se sont mis à exercer leur métier auprès d'hommes d'affaires et de la population en général.

Lors de la fondation de la République populaire de Chine en 1949, la pratique du Feng Shui a été découragée et parfois bannie de Chine. Les Maîtres ont fini par s'installer à Taïwan et à Hong Kong, endroits devenus d'importants centres d'étude du Feng Shui.

Dans les années 1990, le Feng Shui a franchi les frontières et fait son entrée dans le monde occidental.

Le Feng Shui est une discipline taoïste : il fait partie des Cinq Arts chinois et s'insère dans la catégorie de la physionomie.

« Feng Shui » est un terme composé des mots chinois Feng (le vent) et Shui (l'eau).

Le Feng Shui est le lien, la réunion entre le visible (l'eau) et l'invisible (le vent).

Emporté par le vent, le souffle vital, le Qi, parcourt les montagnes, les veines du Dragon, jusqu'à ce qu'il rencontre l'eau, et il s'arrête à cet endroit. Là, le Qi s'accumule et crée la vie.

Le Feng Shui est la connaissance des forces de la nature qui agissent sur les êtres humains.

Il leur permet de vivre en harmonie avec leur environnement, d'en exploiter les bienfaits, d'agir sur le cours de leur existence.

Tout être vivant est en interaction permanente avec son environnement physique, naturel ou non, et cet environnement influence profondément de manière favorable ou défavorable son existence et sa destinée.

Le Feng Shui va donc permettre d'identifier quelles sont ces influences positives ou négatives, et au besoin de les corriger pour rétablir une circulation propice aux énergies.

L'énergie bénéfique de l'environnement va être canalisée dans les espaces de vie pour améliorer la condition des personnes.

C'est l'être humain qui doit s'adapter à la nature et non l'inverse…

La crémaillère et le gardien des lieux

Le Feng Shui étant appliqué à nos espaces de vie Yang, il est primordial de « saluer » notre habitation (ou nos bureaux) quand on y emménage, mais également lorsqu'on la quitte.

Il ne nous viendrait pas à l'esprit de ne pas dire « bonjour » ou « au revoir » à des amis lorsqu'ils nous invitent chez eux.

Il en est de même pour notre habitation.

C'est la fameuse crémaillère.

Elle est un rite de passage qui symbolise notre entrée dans une nouvelle phase de notre existence.

On pense moins souvent à faire une crémaillère de « sortie » de son lieu, comme si on l'abandonnait pour se tourner uniquement vers le nouveau lieu.

Il n'en demeure pas moins important d'un point de vue énergétique de dire au revoir à son ancienne habitation, de la remercier pour les bons et les moins bons moments.

J'ai toujours fait une crémaillère d'« au revoir » pour tous mes lieux de vie (et j'ai déménagé environ une quinzaine de fois), sauf pour l'appartement de la rue Guisarde.

C'était trop dur, ma tristesse était immense. J'ai juste laissé une petite bougie comme cadeau de bienvenue aux habitants suivants.

Cet appartement est le premier endroit où je me suis vue parler à un mur en ouvrant la porte d'entrée !

Je disais en entrant « Bonjour, c'est moi ! »... Je ressentais l'âme de la maison et il était impensable de ne pas lui dire bonjour.

Le gardien des lieux est présent à l'intérieur de votre appartement, mais il peut aussi se situer à l'entrée de votre portail si vous habitez dans une maison.

Vous pouvez vous adresser à lui afin qu'il protège votre lieu quand vous n'êtes pas là, qu'il accueille vos amis... Il participe en quelque sorte au bon fonctionnement de la maison !

Bien sûr, quand vous déménagez, dites-lui au revoir, car il est attaché à la maison et non à vous !

Quand je suis allée à Bali, j'ai pu voir chaque matin les habitants témoigner de leur dévotion en déposant à l'entrée de leur demeure des offrandes composées de riz, d'encens, de bougies et de fleurs, afin d'apaiser les esprits et d'invoquer les bénédictions divines pour la journée à venir.

Afin d'honorer le gardien de votre habitation, vous pouvez positionner dans votre entrée un bouquet de fleurs ou une bougie, en fonction de la place que vous avez.

Le diagnostic énergétique pour comprendre son lieu de vie

J'explique toujours aux personnes qui me consultent que le Feng Shui est comme une acupuncture pour l'habitat.

L'acupuncteur établit un diagnostic précis de l'état du patient en lui prenant les différents pouls chinois : où sont les faiblesses ou les excès de Qi ? À quel endroit celui-ci est-il bloqué ?

Grâce à des aiguilles positionnées au niveau de points énergétiques du corps, le Qi est de nouveau activé, guidé, calmé selon les besoins du patient.

Dans un intérieur de maison, qui peut être comparé au corps humain, je vais agir exactement de la même manière.

Une fois mon « diagnostic » de la personne effectué avec le BaZi, je vais établir un deuxième diagnostic, qui est celui de la maison, en étudiant les différents Qi environnementaux qui circulent autour du lieu de vie.

Mon objectif est de mettre en adéquation les personnes et leur habitation afin d'améliorer tous les aspects de leur vie (santé, relations de couple, familiales, sociales, situation professionnelle, richesse, développement personnel…).

On peut percevoir sa vie en analysant le plan du lieu où l'on vit, l'agencement de la maison, la répartition du mobilier dans les différentes pièces, le type de mobilier, les couleurs, les formes, les éléments décoratifs.

Partant des formules permettant de calculer la carte du Qi d'un lieu de vie, le Feng Shui observe la forme des terrains (comme les montagnes et les fleuves) pour déterminer l'emplacement des points Qi (les points d'énergie planétaires ou points des méridiens).

Il exploite les énergies de l'environnement grâce à l'emplacement (d'une pièce ou d'une maison) ou à l'orientation (direction à laquelle font face la porte d'entrée, le bureau, le lit, la cuisinière).

En Feng Shui, je mets en place des règles précises de cette discipline millénaire afin d'améliorer la circulation du Qi.

Grâce aux aménagements que sont l'introduction de matières et de couleurs correspondant aux cinq éléments, grâce à des remèdes spécifiques, l'idée est de ralentir, d'accélérer, d'apprivoiser le flux du Qi pour qu'il soit régulé et circule de façon équilibrée dans tout l'habitat.

Chaque secteur de la maison correspond également à des organes et à des émotions.

Je me souviens d'une expertise qui m'avait profondément marquée…

J'étais intervenue en banlieue parisienne chez une famille dont le père m'avait demandé de venir pour que chaque membre de la famille se sente bien dans ce nouveau lieu de vie.

C'était une famille avec deux garçons de 3 et 11 ans.

Le couple avait très mal vécu le déménagement et ils avaient failli se séparer, d'où ma présence pour ressouder en quelque sorte les liens familiaux.

C'était en début d'hiver et il faisait nuit quand je suis arrivée. Après que j'ai franchi le portail, la mère de famille m'accueille et me fait entrer par la porte de derrière. À ce moment, je pense que c'est pour ne pas salir l'entrée principale, car il pleuvait beaucoup.

Il était assez tard et j'ai pris mes mesures énergétiques avec le Luo Pan, puis je suis entrée pour travailler sur les plans Feng Shui.

Je percevais un problème gynécologique important concernant la mère de famille vivant dans cette maison. Ce déséquilibre semblait lié à la porte d'entrée. Pourtant, cela me troublait, car d'après mes calculs, la porte principale devait se trouver à l'avant de la maison… alors que j'étais entrée par l'arrière… Je suis donc repassée chez eux et quelle ne fut pas ma surprise quand je vis que la porte d'entrée sur le devant de la maison était murée !

Ils avaient fait murer la porte en arrivant dans la maison par commodité : ils préféraient entrer par l'arrière. Mais cet espace correspondait aux organes génitaux féminins et la mère m'apprit qu'après la naissance de son deuxième enfant, elle avait eu un cancer de l'utérus et qu'on lui a retiré celui-ci.

Cet endroit de la maison était aussi lié à la zone de l'amour et des relations conjugales…

Je leur ai conseillé de recréer une ouverture sur l'avant de la maison afin de refaire circuler l'énergie dans tous les organes. Et, bien sûr, de remettre de la fluidité dans les émotions.

Pour effectuer mon expertise Feng Shui, j'utilise l'interaction du Yin et du Yang et le cycle des cinq éléments de la même façon que pour analyser un thème BaZi.

Le Yin et le Yang

Le Tai Ji représente « l'Univers » et sa dualité Yin/Yang.

C'est un principe de relativité : toute chose est Yin ou Yang par rapport à une autre.

Il n'existe ni Yin absolu ni Yang absolu.

Pour le système San Yuan (c'est un des trois systèmes Feng Shui lié à l'étude des influences temporelles, qui est extrêmement pertinente, notamment dans le Feng Shui des entreprises), c'est le caractère Yin (montagne) ou le caractère Yang (eau) qui va activer les énergies que l'on nomme « étoiles ».

En observant les cycles de la nature, les Chinois ont développé le concept du Tao, la force primordiale qui anime tout ce qui existe et qui lie l'homme à l'Univers, le considérant comme une partie intégrante de ce grand tout.

La philosophie du Tao est fondée sur le principe du Yin et du Yang, qui sont les polarités complémentaires d'une même énergie.

Tout l'art est de réussir l'alchimie de deux polarités opposées : on atteint alors l'harmonie.

Aucun n'existe sans l'autre.

En Feng Shui, les tombes sont appelées « demeures Yin » et les habitations « demeures Yang ». Concernant les formes du terrain, l'eau est la force Yang et les montagnes la force Yin.

Yin et Yang se réfèrent à deux types d'énergie : immobile/mouvante et passive/active.

Toute chose vivante ou inerte se divise en Yin et Yang. Yin et Yang sont des contraires qui se complètent, ils dépendent l'un de l'autre : sans la naissance, il n'y a pas la mort, sans la lumière, il n'y a pas l'obscurité. Yin et Yang existent en tout : dans la nature, dans les villes, des situations, des caractères…

Pour être équilibrés, nous avons besoin d'être aussi Yin que Yang.

Si un thème que j'analyse a beaucoup de Yang (avec des éléments comme le Feu ou des animaux comme le Cheval, le Tigre, le Rat…), je vais rééquilibrer les énergies avec la polarité Yin.

Les personnes trop Yin peuvent être déprimées, sans énergie ; au contraire, les personnes trop Yang seront hyperactives, coléTriques et nerveuses.

Les deux principes fondamentaux du Yin et du Yang sont la transformation perpétuelle du Yin en Yang et du Yang en Yin.

En Feng Shui, dans nos espaces de vie, il est fondamental de trouver l'équilibre entre ces deux types d'énergie.

– Les pièces Yin sont : la chambre, la bibliothèque, l'espace de lecture, le bureau, la salle de méditation, de yoga, la salle de bains.
– Les pièces Yang sont : l'entrée, le salon, la cuisine, la salle de jeux des enfants, et tous les espaces où les membres d'une famille se retrouvent ensemble.

Chaque espace doit comporter une base Yin ou Yang selon sa destination. Mais il est nécessaire d'y ajouter quelque chose qui corresponde à l'énergie opposée. En cas de déséquilibre, l'une des deux polarités prend le dessus, entraînant un mouvement constant ou, au contraire, une stagnation renforcée.

Par exemple, pour un canapé : s'il est moelleux et accueillant, de couleur pastel, il sera Yin. S'il est ferme et coloré, il sera Yang. En revanche, un canapé moelleux (Yin) de couleur rouge (Yang) sera en même temps de polarité Yin et Yang : il est équilibré.

Si le Cheval est un animal très puissant dans un thème, je réharmoniserai la maison avec l'énergie Yin et donc des coussins moelleux, des étoffes en lin fluides pour équilibrer l'énergie du Cheval très Yang.

En revanche, pour une personne ayant un thème Yin (comme la Chèvre, la Terre Yin, l'Eau Yin…), je boosterai le lieu de vie avec l'énergie du Yang, donc des couleurs plus vives.

Check list maison Yin/Yang pièce par pièce

Je vous suggère de remplir ce tableau afin de savoir si votre maison a plus une tonalité Yin ou une tonalité Yang.

	COULEURS	MOTIFS ET FORMES	MATIÈRES	LUMIÈRES
ENTRÉE				
SALON				
SALLE À MANGER				
CUISINE				
CHAMBRE PARENTS				
CHAMBRE ENFANTS				
SALLE DE BAINS/ WC				

La mise en adéquation de son thème avec son lieu de vie

L'un des outils les plus importants du Feng Shui, après l'analyse de la circulation du Qi, est celle de l'interaction entre les cinq éléments : l'Eau, le Bois, le Feu, la Terre et le Métal.

Dans l'ensemble de la métaphysique chinoise, on retrouve des références aux cinq éléments.

Cette interaction est le moyen par lequel l'énergie se met en mouvement.

Rien n'existe sans être lié au Tout : sans eau, les fleurs ne peuvent pas pousser et fleurir, sans le bois, il n'y aurait pas de feu pour réchauffer et apporter la cendre qui nourrit la terre. La terre régénère tout et produit toutes les richesses, notamment le métal, dont les propriétés lui permettent de devenir liquide, de nourrir l'eau avec les sels minéraux…

C'est une boucle sans fin, un éternel recommencement.

J'y reviendrai beaucoup plus en détail dans le dernier chapitre.

Ces cinq éléments seront intégrés dans l'aménagement d'une maison et dans la disposition de la décoration.

Chaque élément trouve sa correspondance dans des matériaux, une orientation, des couleurs et des formes.

Dans la pièce associée par exemple au Bois, les formes rectangulaires conviendront, ainsi que des plantes ou des fleurs.

Comme dans la nature, les cinq éléments sont gouvernés par trois cycles : le cycle d'affaiblissement, le cycle de production et le cycle de transformation (chapitre 5).

Selon les besoins repérés dans la maison, on peut renforcer un élément en le nourrissant avec un autre (par exemple, le Feu – associé à la joie – peut soutenir l'installation d'une relation stable, représentée par la Terre, notamment avec les enfants). À l'inverse, on peut aussi ralentir ou réguler une énergie négative en faisant appel à l'élément qui affaiblit celui qui est concerné.

Un jour, je suis allée faire une expertise chez une cliente dont j'avais fait le thème en amont.

C'est une femme assez économe, elle a beaucoup de Terre dans son thème (un Buffle de Terre Yin dans son pilier du jour, un Cheval de Terre Yang dans son pilier de l'heure), ce qui signifie qu'elle construit de façon stable et durable dans sa vie.

Nous avions amélioré la circulation énergétique dans sa maison en travaillant sur des formes plutôt Yang et des couleurs vives afin de booster la joie.

Elle m'appelle un jour en me disant que, depuis un petit moment, elle perd de l'argent sur des sommes que lui réclament diverses administrations… Au fil du temps, les sommes s'alourdissent, alors qu'elle ne change pas son mode de vie.

Je regarde chez elle pour voir si elle a modifié un élément significatif et là, je m'aperçois qu'elle a positionné un énorme miroir au centre de sa maison.

En Feng Shui, le centre de la maison est appelé « cœur céleste » et correspond à l'élément Terre. C'est cet endroit qui maintient le bon fonctionnement de tous les autres aspects de notre vie, c'est le cœur de la maison, comme un miroir de notre organe du cœur.

Le miroir est considéré comme de l'Eau dans la symbolique des cinq éléments. Que se passe-t-il lorsque l'on verse de l'eau dans la terre ? La solidité de la terre s'écroule et par conséquent la stabilité des finances (entre autres choses…) s'écroule à son tour. Et la Terre de son thème BaZi a elle aussi été noyée par toute cette Eau…

On a tout de suite enlevé le miroir et tout est rentré dans l'ordre pour ma cliente : les impôts lui ont même remboursé une somme qu'ils lui devaient depuis trois ans !

À la place du miroir, on a positionné un minéral, lié à l'énergie de la Terre, pour soutenir ses actions et renforcer la sérénité.

En Feng Shui comme dans les BaZi, j'utilise donc les cinq éléments afin de rétablir une énergie bloquée dans un lieu, booster un domaine de compétence en devenir, apaiser une situation conflictuelle dans un couple…

Chacun des éléments est également lié à des émotions et à des organes.

Quand j'effectue un thème, j'analyse l'élément qui est en majorité et celui qui est le plus en fragilité.

J'ai eu un client avocat d'affaires internationales qui travaillait majoritairement la nuit du fait que ses principaux clients résidaient en Australie.

Cette personne avait dans son thème énormément de Feu (le Feu étant lié à l'organe du cœur) et il faisait de l'arythmie cardiaque.

Quand je suis allée expertiser sa maison à Boulogne-Billancourt, il y avait un immense jardin très arboré. Or le Bois nourrit le Feu dans le cycle des cinq éléments et le Feu était l'élément dominant de son thème.

Afin d'équilibrer l'énergie du cœur, j'ai réalisé une expertise d'abord sur son jardin (en Feng Shui, 70 % de l'énergie est à l'extérieur et je rééquilibre toujours les extérieurs, quand il y en a, avant les intérieurs) en positionnant deux points d'Eau (un jacuzzi et une fontaine).

L'Eau a permis de réguler son Feu intérieur et son arythmie s'est calmée.

Bien sûr, tout n'est pas aussi simple, car le positionnement de l'Eau en Feng Shui demande une connaissance pointue des formules du Dragon d'Eau, qui sont les formules les plus anciennes et secrètes des Maîtres du Feng Shui traditionnel.

Une de mes premières consultations Feng Shui a été d'harmoniser un hôtel particulier à Paris, juste à côté du célèbre restaurant de la Tour d'Argent.

Ce couple a six enfants entre 4 et 16 ans.

L'immeuble est sur trois niveaux, agrémenté d'un grand jardin.

C'est une famille qui voyage énormément et qui partage sa vie entre deux pays. Les enfants sont élevés dans un environnement totalement polyglotte.

Cette famille avait un grand besoin de dynamiser l'élément Terre pour renforcer leur ancrage et diminuer la fatigue due aux nombreux déplacements.

L'élément dominant dans la maison était le Métal avant que je n'intervienne.

Les BaZi du père et de la mère étaient également composés majoritairement de l'élément Métal.

Quand je débute une expertise, j'analyse dans un premier temps les thèmes des parents, car ce sont eux qui donnent le tempo de l'énergie familiale.

J'ai commencé à travailler sur le jardin, puisque l'énergie présente à l'extérieur de notre habitation va imprégner 70 % de notre énergie intérieure.

J'ai créé un jardin Feng Shui avec l'aide d'un paysagiste. Si je travaille avec l'énergie des plantes et avec leur disposition en fonction des secteurs, le paysagiste connaît mieux leurs besoins en éclairage, s'il leur faut du vent ou de l'humidité, quelle est la période la plus propice aux plantations…

J'ai conçu un jardin essentiellement minéral afin que l'énergie de la Terre puisse imprégner la maison, ainsi que les thèmes de toute la famille.

Une fois le travail sur le jardin terminé, j'ai analysé leur lieu de vie, et j'ai constaté qu'une plus grande stabilité s'était installée grâce à la redynamisation de l'élément Terre.

Il y a trois étages dans leur hôtel particulier avec les espaces communs comme la cuisine, le salon, la grande bibliothèque au premier étage, les parents au deuxième étage et les enfants au troisième étage.

Les espaces communs participent à la cohésion de la famille.

En revanche, avoir « l'étage parents » en dessous de « l'étage enfants » n'est pas une bonne idée, car les enfants prennent l'ascendant sur les parents, ce qui était tout à fait le cas dans cette famille.

C'est aux parents de diriger la famille ! Dans une configuration de bureaux, nous serions dans la même logique : le PDG, les dirigeants et les associés sont au dernier étage afin qu'ils puissent occuper leurs fonctions de façon efficace.

J'ai donc proposé un changement d'étage à toute la famille, ce qui n'a pas été simple, car quand on est enfant, on considère sa chambre comme sa maison !

J'avais bien précisé à cette famille l'importance de prendre son temps et de ne pas déménager tout le monde en un week-end !

Néanmoins, le père de famille s'est empressé de faire venir une entreprise de travaux (car j'avais également préconisé des changements de couleurs dans les peintures, ainsi que des aménagements dans les chambres comme des étagères à mettre au mur...) pour entreprendre les modifications.

Bien sûr, il pensait bien faire (et rapidement !), mais l'énergie de chacun a été totalement bouleversée lorsque la famille est rentrée après deux jours d'absence, découvrant avec surprise que toutes les chambres avaient été modifiées !

Je souligne ici l'importance du facteur temps en Feng Shui : il y a des modifications qui vont vous apparaître évidentes et d'autres impossibles... Ne vous imposez pas de tout faire parfaitement et rapidement (surtout si vous avez du Coq dans votre thème, et je sais de quoi je parle, en ayant un moi-même dans mon pilier de l'heure...). Je vous conseille de mettre en place les préconisations au fur et à mesure.

C'est normal, notre inconscient refuse le changement par principe... au début !

Commencez par mettre en place ce qui vous paraît le plus simple : changer la couleur d'une taie d'oreiller, déplacer un bibelot, mettre une bougie sur la table basse...

Ce petit changement, qui en fait ne l'est pas, va provoquer une modification énergétique dans votre intérieur et va se manifester également dans votre vie extérieure, c'est-à-dire dans la façon dont vous agissez, réagissez, pensez... À partir de ce moment, vous serez en capacité d'effectuer les autres changements qui vous apparaissaient insurmontables au début.

Le Ming Gua comme clé de compréhension

En fonction de notre date de naissance, nous avons un Ming Gua (qui n'a rien à voir avec notre thème BaZi) qui nous permet de déterminer non seulement nos directions favorables et celles qui ne le sont pas, mais aussi nos traits de caractère.

Tout le monde pense que l'on doit dormir la tête au Nord mais cela dépend de notre Gua personnel.

Le Gua est une clé de compréhension profonde de soi-même et de son entourage.

Le Gua, un chiffre unique dérivé de votre date de naissance et de votre sexe, agit comme une clé précieuse pour déverrouiller les secrets de votre personnalité et de vos aspirations.

Votre groupe est soit Vie d'Est, soit Vie d'Ouest

Vos huit directions personnelles se divisent en quatre favorables et quatre défavorables. Celles-ci indiqueront les orientations à favoriser dans votre habitat (position de votre lit, de votre bureau, de votre place à table, de la cuisinière…) et celles à éviter.

Votre élément personnel (Bois, Feu, Terre, Métal, Eau) et ses qualités associées entrent aussi en jeu : n'oubliez pas qu'il s'agit d'une lecture complémentaire à celle de l'astrologie chinoise.

Le chiffre Gua, ou Kua, indique les quatre directions favorables pour votre lieu de vie personnel et professionnel.

Par exemple, si vous avez besoin d'être convaincant pour un coup de fil professionnel important, si vous êtes un Gua 1, vous allez diriger votre regard vers le Sud-Est.

Et si vous avez besoin de calme pour écrire ou lire, regardez vers le Nord.

La direction en fonction de son Gua est très pertinente pour un usage professionnel ou lors de réunions de famille qui nécessitent le calme !

- Sheng Qi est la meilleure des directions, elle apporte réussite, notoriété, richesse.

– Tian Yi est liée à la santé (pour conserver une bonne santé ou pour guérir).
– Yan Nian est utile pour une communication parfaite (quand on doit régler des soucis relationnels, quand on doit convaincre…).
– Fu Wei est utile pour le calme, la concentration et la paix intérieure.

Le chiffre Gua, ou Kua, indique quatre directions défavorables, à éviter dans votre lieu de vie personnel ou professionnel :

– Huo Hai : ne pas regarder dans cette direction au risque d'attirer de petits retards et désagréments.
– Wu Gui : des soucis d'ordre professionnel ou privé, en famille ou dans le couple.
– Liu Sha : des complications, des maladies, des obstacles récurrents.
– Jue Ming : des soucis importants, la pire des quatre directions.

Calculer son Gua

Pour les hommes :

– Additionnez tous les chiffres de votre année de naissance.
– Si le résultat est supérieur à 9, réduisez-le à 1 seul chiffre (exemple :11 = 1 + 1 donc 2).
– **Soustrayez** votre résultat au nombre 11 pour obtenir votre chiffre Gua.

Si le chiffre Gua est égal à 5, le remplacer par 2 pour les hommes.

Exemple : homme né le 30 mars 1987.

1 + 9 + 8 + 7 = 25, donc 2 + 5 = 7 et 11 - 7 = 4

Le chiffre Gua de cet homme sera 4, autrement dit **Gua 4**.

L'élément lié à ce Gua est le Bois (beaucoup de créativité dans sa personnalité). Sa meilleure orientation sera le Nord, il placera son bureau face à cette direction pour y puiser réussite et prospérité. Il devra absolument éviter d'être assis face au Nord-Est, car elle est sa pire direction.

Pour les femmes :

- Additionnez tous les chiffres de votre année de naissance.
- Si le résultat est supérieur à 9, réduisez-le à 1 seul chiffre (exemple 11 = 1 + 1 donc 2).
- **Ajoutez 4** au résultat pour obtenir votre chiffre Gua.

Si le chiffre Gua est égal à 5, le remplacer par 8 pour les femmes.

Exemple : femme née le 9 août 1977.

1 + 9 + 7 + 7 = 24 soit donc 2 + 4 = 6 et 6 + 4 = 10 et 1 + 0 = 1

Le chiffre Gua de cette femme sera 1, autrement dit **Gua 1**.

L'élément lié à ce Gua est l'Eau (beaucoup de sensibilité pour cette personne).

Sa meilleure orientation est le Sud-Est, et elle doit éviter d'être assise face au Sud-Ouest, car c'est sa pire orientation.

Min Gua 1 (Groupe Est)

Doté d'une sensibilité hors du commun, vous cultivez l'art de la discrétion, cachant votre richesse intérieure derrière un masque impénétrable. Cette dualité vous confère une aura de mystère et de profondeur, attirant irrémédiablement ceux qui savent percevoir l'intensité de vos émotions sous la surface.

Votre sagesse est très précieuse pour vos proches. Vos conseils sont toujours avisés, votre soutien, inconditionnel et votre écoute, attentive à ceux qui vous entourent. Votre empathie profonde vous permet de comprendre les nuances des émotions humaines et vous savez réconforter les personnes qui sollicitent votre aide.

En amour, vous recherchez des relations stables et durables, fondées sur des bases solides et concrètes comme la confiance, le respect et le partage. Votre partenaire idéal sera quelqu'un qui saura apprécier votre profondeur cachée et vous offrir la sécurité émotionnelle dont vous avez besoin pour vous épanouir pleinement.

Élément : Eau.
Saison : hiver.
Couleur : noir ou bleu.
Gua de vie : Nord.
Direction à éviter : Sud-Ouest.

Min Gua 3 (Groupe Est)

Votre âme généreuse et votre nature sociable vous mènent naturellement vers les autres, tissant des liens authentiques et enrichissants. Vous cultivez l'art de la convivialité, partageant votre joie de vivre et votre enthousiasme avec ceux qui vous entourent.

Cependant, vous n'êtes pas pour autant dépourvu d'indépendance. Votre esprit libre et votre soif d'autonomie vous poussent à tracer votre propre chemin, à explorer vos passions et à réaliser vos rêves sans vous soucier du regard des autres.

Votre esprit est vif et il vous permet de saisir les subtilités du monde qui vous entoure. Vous abordez chaque situation avec une analyse fine et une réflexion approfondie, ce qui vous confère une grande capacité à prendre des décisions justes et éclairées.

Vous avez un esprit pratique qui vous ancre dans le concret et vous permet de transformer vos idées en actions concrètes. Vous êtes un fonceur qui sait concrétiser ses ambitions grâce à son sens de l'organisation et à sa persévérance ! *Let's go* ! Et vous adorez relevez des défis plus fous les uns que les autres.

Élément : Bois.
Saison : printemps.
Couleur : vert foncé.
Gua de vie : Est.
Direction à éviter : Ouest.

Min Gua 4 (Groupe Est)

Votre nature amicale et votre esprit d'équipe vous font apprécier la compagnie des autres. Vous êtes un véritable pilier de vos groupes d'amis et de collègues, apportant votre enthousiasme, votre soutien et votre sens de l'humour dans toutes les situations.

Vous avez de multiples talents et vous vous intéressez à de nombreux domaines d'activités. Vous êtes capable d'apprendre rapidement de nouvelles choses et de vous adapter à différents environnements, ce qui fait de vous un atout précieux dans n'importe quelle équipe !

Face à plusieurs possibilités, vous avez du mal à choisir la meilleure option, craignant de passer à côté d'une opportunité importante. Cette hésitation peut parfois freiner votre progression et vous empêcher de réaliser votre plein potentiel.

Pour surmonter cette difficulté, il est important que vous appreniez à faire confiance à votre intuition et à votre instinct. N'ayez pas peur de prendre des risques et de sortir de votre zone de confort. Expérimentez ! Cela vous aidera à vous épanouir pleinement.

Élément : Bois.
Saison : printemps.
Couleur : vert clair.
Gua de vie : Sud-Est.
Direction à éviter : Nord-Est.

Min Gua 9 (Groupe Est)

Ah, l'impatience ! Vous allez vite, très vite, et votre esprit vif vous permet de saisir les concepts rapidement et de comprendre les situations avec une grande clarté. Vous êtes doté d'une grande capacité d'analyse et d'une pensée critique, ce qui vous rend particulièrement performant dans les domaines qui exigent de la réflexion et de la logique.

Cependant, cette vivacité d'esprit peut parfois se traduire par une certaine impatience. Vous avez tendance à être frustré par la lenteur des autres et à vous sentir agacé par ceux qui ne suivent pas votre rythme… Eh oui, le Feu, votre élément, aime la vitesse… Mais pas de précipitation ou vous pourriez vous égarer sur un chemin qui n'est pas le vôtre… Et cette impatience peut parfois créer des tensions dans vos relations et vous empêcher de profiter pleinement des moments de partage avec vos proches.

Pour surmonter cette difficulté, il est important que vous appreniez à développer votre patience et votre acceptation. Prenez le temps d'écouter les autres attentivement, même si leur rythme de pensée est différent du vôtre. Essayez de comprendre leur point de vue et de respecter leurs opinions, même si elles ne correspondent pas aux vôtres.

Apprenez à lâcher prise et à accepter les choses telles qu'elles sont. En cultivant la patience et l'acceptation, vous réduirez votre niveau de stress et améliorerez vos relations avec les autres.

Élément : Feu.

Saison : été.

Couleur : rouge.

Gua de vie : Sud.

Direction à éviter : Nord-Ouest.

Min Gua 2 (Groupe Ouest)

Vous avez un caractère stable et posé et vous abordez la vie avec calme et réflexion en prenant le temps d'analyser chaque situation avant de prendre une décision. Vous avez un esprit pratique qui vous guide dans vos choix et cela vous permet de trouver des solutions concrètes et efficaces aux problèmes que vous rencontrez.

Vous détestez être bousculé ou vous sentir pressé ! Vous avez besoin de temps pour réfléchir et mûrir vos idées. Cette lenteur peut être frustrante pour ceux qui ont un rythme plus rapide, mais elle est essentielle pour vous permettre de prendre des décisions judicieuses et de ne pas agir sous le coup de l'émotion.

Cependant, il est important que vous restiez conscient de votre tendance à vouloir donner des conseils que l'on ne vous demande pas ! Si votre intention est louable, cela peut parfois être perçu comme de la condescendance ou de l'ingérence. Apprenez à discerner quand vos conseils sont véritablement utiles et quand il vaut mieux simplement écouter…

Élément : Terre.
Saison : début de l'automne.
Couleur : jaune et ocre.
Gua de vie : Sud-Ouest.
Direction à éviter : Nord.

Min Gua 6 (Groupe Ouest)

Votre intuition aiguisée vous permet de percevoir les intentions et les motivations des autres, même si elles ne sont pas clairement exprimées. Vous avez un don pour comprendre les gens et pour cerner leurs pensées profondes. Cette capacité vous confère une grande perspicacité et vous permet de naviguer avec finesse dans les relations humaines. Vous pourriez être psychologue ou profileur !

Votre sens de l'ordre et de la justice est très développé. Vous avez besoin d'un environnement structuré et organisé, et vous êtes hypersensible aux injustices et aux inégalités. Vous êtes un défenseur des droits des autres et vous n'hésitez pas à prendre position pour ce qui vous semble juste.

Votre esprit vous pousse à prendre les choses en main et à diriger les situations. Vous êtes un leader naturel, doté d'un charisme et d'une autorité naturelle qui inspirent confiance et respect. Vous savez motiver les autres et les guider vers la réussite.

Cependant, il est important que vous restiez conscient de votre tendance à vouloir tout contrôler. Votre besoin d'ordre et votre esprit peuvent parfois vous amener à imposer vos vues aux autres, ce qui peut créer des tensions et des conflits. Apprenez à déléguer et à faire confiance aux compétences des autres.

Élément : Métal.

Saison : automne.

Couleur : blanc et teintes métalliques.

Gua de vie : Nord-Ouest.

Direction à éviter : Sud.

Min Gua 7 (Groupe Ouest)

Votre joie de vivre fait de vous un compagnon idéal ! Vous savez profiter des bons moments et partager votre enthousiasme avec ceux qui vous entourent. Vous nouez facilement des amitiés et vous savez vous entourer de personnes positives et bienveillantes. Vous avez un fort sens de l'esthétique et vous portez une grande attention aux détails : quel style élégant et raffiné vous avez ! Vous accordez de l'importance à votre apparence et vous aimez vous sentir à l'aise dans vos vêtements. Votre élégance naturelle vous confère beaucoup de charme et de distinction.

En revanche, vous fuyez les situations conflictuelles et vous avez horreur des disputes. Votre sensibilité et votre pacifisme vous poussent à privilégier l'harmonie. Vous êtes un véritable médiateur, capable de désamorcer les tensions et de trouver des solutions consensuelles. Cette aversion pour les conflits peut parfois vous amener à éviter de prendre position ou à vous taire lorsque vous n'êtes pas d'accord. Il est important que vous appreniez à exprimer vos opinions et à défendre vos convictions, même si cela implique de vous confronter à des situations désagréables.

Élément : Métal.
Saison : automne.
Couleur : blanc et teintes métalliques.
Gua de vie : Ouest.
Direction à éviter : Est.

Min Gua 8 (Groupe Ouest)

Vous êtes fiable et intègre : on peut compter sur vous, car vous inspirez confiance. Vous êtes toujours prêt à offrir votre aide et vos conseils, constamment guidé par un sens aigu de l'altruisme et de la bienveillance. Vos conseils sont précieux, car ils sont fondés sur une réflexion approfondie et une connaissance du monde.

Avec votre esprit indépendant et votre goût pour l'autonomie, vous préférez travailler seul ou à votre compte. Vous vous concentrez sur vos tâches avec rigueur et minutie, ce qui vous permet de mener à bien vos projets de manière efficace, sans avoir besoin de l'aide des autres. Votre indépendance d'esprit vous permet de développer votre créativité et vous vous éloignez souvent des sentiers battus !

Cependant, vous avez parfois tendance à procrastiner et à attendre avant d'agir. Votre réflexion approfondie peut parfois vous paralyser et vous empêcher de prendre des décisions rapides. De plus, vous avez du mal à déléguer des tâches aux autres, ce qui peut vous surcharger de travail et vous empêcher de vous concentrer sur vos priorités. Apprenez à faire confiance aux compétences des autres et à déléguer certaines tâches, cela vous permettra de gagner du temps et de l'énergie !

Élément : Terre.
Saison : hiver.
Couleur : jaune et ocre.
Gua de vie : Nord-Est.
Direction à éviter : Sud-Est.

En résumé, le Gua permet :

- Une exploration approfondie de votre personnalité : motivations, aspirations, traits de caractère cachés.
- Une meilleure compréhension de vos relations : motivations des personnes qui vous entourent, clés pour des interactions harmonieuses.
- Une approche holistique du développement personnel : utilisation du Gua comme outil de croissance et d'épanouissement.

Le Gua est un outil puissant qui vous accompagne sur le chemin de la connaissance de soi et de l'amélioration des relations humaines.

MIN GUA	1	2	3	4	6	7	8	9
ELÉMENT	EAU	TERRE	BOIS	BOIS	MÉTAL	MÉTAL	TERRE	FEU
Sheng Qi Richesse	Sud-Est	Nord-Est	Sud	Nord	Ouest	Nord-Ouest	Sud-Ouest	Est
Tian Yi Santé	Est	Ouest	Nord	Sud	Nord-Est	Sud-Ouest	Nord-Ouest	Sud-Est
Yan Nian Communication	Sud	Nord-Ouest	Sud-Est	Est	Sud-Ouest	Nord-Est	Ouest	Nord
Fu Wei Sérénité	Nord	Sud-Ouest	Est	Sud-Est	Nord-Ouest	Ouest	Nord-Est	Sud
Huo Hai Contrariétés	Ouest	Est	Sud-Ouest	Nord-Ouest	Sud-Est	Nord	Sud	Nord-Est
Wu Gui Soucis	Nord-Est	Sud-Est	Nord-Ouest	Sud-Ouest	Est	Sud	Nord	Ouest
Liu Sha Complications	Nord-Ouest	Sud	Nord-Est	Ouest	Nord	Sud-Est	Est	Sud-Ouest
Jue Ming Problèmes conséquents	Sud-Ouest	Nord	Ouest	Nord-Est	Sud	Est	Sud-Est	Nord-Ouest

Remplissez votre Gua et celui de vos proches.

Le principe de l'analogie

En Feng Shui, je travaille avec le principe de l'analogie verticale entre la maison et la personne : corps, cœur et esprit.

J'analyse le lieu dans sa verticalité en mettant en parallèle la maison et ses habitants :

- le niveau du corps, qui correspond à la capacité de réaliser ;
- le niveau du sentiment, qui correspond à la capacité d'aimer ;
- le niveau de la pensée, qui correspond à la capacité de penser.

À quel étage l'appartement se situe-t-il ? Quelle est la disposition du mobilier : comporte-t-il principalement de grands meubles hauts (comme des armoires) ou plutôt des meubles bas ? Comment la décoration est-elle agencée ? Y a-t-il des éléments présents sur les trois niveaux visuels – au sol, à hauteur des yeux et en hauteur ? Les plafonds sont-ils élevés ? Et comment est l'éclairage : naturel ou artificiel ?

Voilà les questions qui me donnent des indices sur la façon dont vivent les habitants du lieu et sur l'endroit où les problèmes se situent. En fonction du lieu, je vais pouvoir trouver les points de blocage.

Par exemple, les loges des gardiens d'immeuble sont situées au rez-de-chaussée : ce sont eux qui sont en quelque sorte responsables de la bonne santé de l'immeuble.

Ils s'occupent du courrier, sortent les poubelles, nettoient le hall d'entrée… Ce sont toujours vers eux que l'on se tourne si on a besoin d'un coup de main.

Ils « font » : c'est ici clairement l'énergie du corps et de la réalisation qui est activée.

Un client m'a consultée pour sa banque d'affaires privée en 2020, juste avant la pandémie.

Cela faisait dix-sept ans qu'il avait sa banque et il souhaitait développer son activité à l'international et comprendre pourquoi ses employés ne restaient pas dans la société.

Je suis intervenue dans les bureaux d'un très bel immeuble du 8e arrondissement, mais ils n'étaient situés qu'au rez-de-chaussée et au premier étage. Son associé et lui (les deux fondateurs) s'étaient gardé les bureaux les plus petits, car ils étaient très souvent en déplacement.

Sans surprise, leurs thèmes respectifs avaient comme élément majoritaire le Métal, élément souvent associé aux finances et aux dirigeants.

Après expertise de leurs bureaux, je leur ai conseillé une nouvelle répartition : les dirigeants ont pris place au premier étage, dans les deux bureaux les plus spacieux, et au Nord-Ouest.

En Feng Shui, cet emplacement représente la place du père dans une famille, mais également la place du dirigeant, qui est considéré comme le père de la société.

Le Nord-Ouest est également associé à l'étranger.

Après ce changement, le turn-over a quasi immédiatement cessé, car chacun avait trouvé sa place dans l'entreprise.

Le Feng Shui des extérieurs

La première énergie que l'on apporte chez nous passe par le portail et l'entrée du jardin pour une maison.

Le portail est considéré comme la bouche du Qi : comment nourrit-on son intérieur ?

Dans un jardin Feng Shui, je fais circuler le Qi de l'entrée du jardin jusqu'à la porte de la maison de façon à ce que l'énergie imprègne toutes les parties du jardin, qui sont symboliquement l'intégralité de notre corps physique et de nos émotions.

S'il y a un endroit où l'énergie circule difficilement ou stagne, par exemple le secteur Sud, les habitants du lieu peuvent avoir du mal à contacter leur joie ou être dans l'insatisfaction.

Le palais Sud est lié aux organes du cœur et des yeux : la joie est l'émotion associée au cœur, mais également, lorsque l'énergie du Sud est en déséquilibre, à un possible dégoût de la vie ou à une grande insatisfaction.

S'il y a un arbuste dans le sud de votre jardin qui n'est pas en bonne santé ou si des poubelles y sont stockées, l'énergie sera déséquilibrée et sera susceptible d'engendrer pour la famille un sentiment de dépression…

On met en perspective la maison, le jardin, les terrasses avec nos émotions qui sont liées à nos organes : un blocage ou une mauvaise circulation du Qi va agir directement sur notre corps, nos énergies et nos émotions.

Quand j'accompagne des clients pour choisir leur lieu de vie, mon premier regard se tourne toujours vers l'environnement extérieur : c'est à nous de nous adapter à la nature, et non l'inverse, ne l'oublions pas !

Je vais analyser dans un premier temps les éléments naturels : s'il y a de l'eau, des montagnes, des plaines, un lac, une forêt… Puis, dans un deuxième temps, les éléments artificiels autour de la maison ou de l'appartement : y a-t-il des routes, des immeubles, de grandes ou de petites constructions ?

Vivre en harmonie avec son environnement, tel est le but du Feng Shui.

Le choix d'un lieu, qu'il soit personnel ou professionnel, signifie vivre dans un endroit où les énergies de la Terre sont les plus favorables pour les habitants.

Habiter son lieu en conscience avec les cinq éléments

En Feng Shui, le cycle des cinq éléments est utilisé afin d'équilibrer les énergies dans un espace physique, qu'il soit personnel ou professionnel. Par exemple, si une maison a un excès d'un certain élément, l'expert de Feng Shui pourra introduire l'élément de contrôle approprié pour rétablir l'équilibre. De même, pour renforcer certaines qualités dans un espace, l'élément nourricier correspondant pourra être ajouté. Le principe fondamental derrière ces cycles est l'équilibre dynamique puisque rien n'est figé dans l'Univers : tout est en mouvement permanent.

Dans la nature comme dans les pratiques humaines, l'excès ou la carence d'un élément peut causer des déséquilibres et des problèmes. En assurant une interaction harmonieuse entre les éléments, il est possible de créer une vie plus équilibrée, prospère et harmonieuse. Ainsi, le cycle des cinq éléments est une représentation de la manière dont les forces naturelles interagissent et influencent notre monde. Sa compréhension et son application permettent d'harmoniser nos vies et nos environnements.

J'interviens une fois sur quatre environ chez des personnes qui ont déjà fait venir un expert Feng Shui chez eux. Très souvent, les « experts » n'utilisent pas le Luo Pan, mais travaillent uniquement avec le pouvoir de l'intention. Or le Feng Shui est une discipline de la métaphysique chinoise avec des calculs et des règles très précis.

Une société de communication et d'évènementiel basée à Paris me contacte pour réorganiser leur personnel et booster leur chiffre d'affaires, qui avait fortement baissé après 2020. Je fais donc le tour des bureaux et je vois que dans celui d'une des deux dirigeantes, il y un support mural… Je lui demande à quoi ce support est destiné et elle m'explique que le précédent expert Feng Shui lui avait dit de positionner un aquarium à côté de son ordinateur pour que les finances de la société remontent… Le gros hic, c'est qu'elle avait la phobie des poissons ! Elle a donc commandé le fameux aquarium qui est arrivé brisé la première fois, sans le support la deuxième et sans le bac à poissons la troisième fois… Lorsque je propose des recommandations à la fin de mon expertise, je demande toujours si le remède convient au client. Or pour cette cliente qui détestait les poissons, il était évident que la pose d'un aquarium allait être un souci. Je lui ai suggéré une lampe à lave positionnée à côté de son ordinateur : c'est un objet « actif » dans notre jargon Feng Shui, car il y a un mouvement permanent qui active l'énergie positive.

Bien sûr, préalablement à l'installation d'un tel objet, il est très important d'analyser la qualité de l'énergie de la pièce en fonction de la prise de mesures avec le Luo Pan. Si l'énergie est négative, il est déconseillé de positionner un objet actif dans ce secteur.

Voici un autre exemple du grand potentiel de l'élément Eau.

Je réalise une expertise chez une cliente réflexologue (qui a beaucoup de Terre dans son thème) dont le cabinet est installé chez elle. Sa maison a une énergie très particulière qui lui permet d'activer l'élément Eau, qui est lié à son activité professionnelle. Son mari, très bon bricoleur, lui a confectionné une fontaine sur mesure avec du Bois (car le Bois est nourri par l'élément Eau et est donc dans le cycle de production pour activer la bonne énergie). Ma cliente utilise sa fontaine en fonction de ses besoins professionnels : trop de clients, elle l'éteint, pas assez, elle l'allume ! La fontaine agit comme une sorte d'interrupteur énergétique qui propulse l'énergie Yang et donc déclenche l'activité.

Je vais vous raconter une expertise que j'ai adoré faire !

Je suis allée chez une cliente qui tirait les cartes dans son appartement. Avant de commencer mon expertise, je débute toujours par un entretien dans lequel je demande les objectifs, la raison de ma venue. Très souvent, les personnes ont un objectif « avoué » et d'autres inconscients que je leur fais découvrir au fur et à mesure de l'entretien. Cette personne m'exprime clairement que son activité professionnelle se porte très bien, mais que son cœur est bien triste, car elle est célibataire. En Feng Shui, l'élément qui est lié à l'Amour est la Terre. Je lui demande concrètement de façon « terrienne » comment elle voit son futur amoureux, ses qualités, ce qu'elle aime chez lui, ce qu'il fait dans la vie… Je lui dis de réfléchir à tout ça et de prendre un joli cahier dans lequel elle va écrire tous ses souhaits… Je retourne la voir trois mois plus tard et, à ma grande surprise, en entrant dans son appartement, je me retrouve face à face avec un rugbyman en tenue légère accroché à son mur ! Eh oui, ma cliente avait émis le désir d'avoir comme compagnon un homme sportif qui faisait de sa passion son métier : le rugby ! Le sport étant lié à l'énergie de la Terre, elle avait positionné parfaitement son futur amoureux au bon endroit énergétique de sa maison. Le fameux calendrier était accroché au-dessus du bureau où elle consultait, je ne doute pas que ses consultants devaient avoir une réaction étonnée en entrant chez elle ! Elle est désormais mariée avec un rugbyman… *Love Feng Shui!*

Tips de l'expert

Les objets actifs en Feng Shui sont des objets avec un mouvement permanent : horloge, box Internet, compteur électrique, four, frigidaire…

Les travaux : chaque année, avant le début de la nouvelle année chinoise, je fais des mises à jour des énergies des lieux pour l'année qui arrive. Je vous conseille de le faire aussi, surtout si vous devez effectuer des travaux de structure (refaire le toit, l'électricité, la plomberie, changer les fenêtres, casser un mur porteur…). En Feng Shui, le début des travaux de gros œuvre est très important, car ceux-ci modifient la structure énergétique du lieu, comme si nous subissions une grosse opération. J'effectue un calcul de date afin que l'énergie des travaux ne soit pas « agressive » pour la maison et ses habitants.

Les parfums : savez-vous que les odeurs sont liées à l'élément Métal ? Besoin de renforcer l'élément Métal dans la maison ? Faites appel aux huiles essentielles ! Utilisez de l'huile essentielle de néroli, très efficace en cas d'anxiété, l'huile essentielle de basilic tropical pour booster votre moral ou l'huile essentielle de patchouli pour réveiller votre sensualité !

L'horloge éteinte : une horloge est faite pour fonctionner. Si vous la conservez éteinte ou à la mauvaise heure, cela va scléroser une partie de votre énergie émotionnelle, d'action, matérielle, spirituelle… Mettez vos pendules à l'heure !

Pour aller plus loin : les différents systèmes en Feng Shui traditionnel chinois

Lorsque j'effectue une expertise Feng Shui après avoir analysé les BaZi d'une personne, j'utilise trois systèmes différents (sans compter la géobiologie) pour que mon expertise soit la plus exhaustive possible. Comme je vous l'ai dit auparavant, mon thème a comme élément dominant le Métal : j'aime la précision et j'ai tendance à rechercher la perfection quand je travaille !

Ces systèmes sont liés aux différents plans vibratoires.

Tous les principes d'une école ne se suffisent pas à eux-mêmes : le Feng Shui est la somme de tous ces systèmes d'analyse.

Le plan physique

Les vibrations sont électromagnétiques et on travaillera avec la géobiologie.

Je commence toujours l'expertise Feng Shui par une étude de géobiologie, qui étudie les énergies des lieux et leurs incidences sur la santé physique des habitants, afin de corriger le lieu si nécessaire et de le rendre sain.

Le plan astral

Il correspond à **l'École des Étoiles volantes** ou **San Yuan**, qui traite le plan émotionnel.

Ce système étudie les influences temporelles qui modifient les énergies de façon cyclique. La référence est la façade active du lieu, l'endroit où le Qi est le plus énergisant. Elle correspond à la dimension temporelle du Feng Shui : c'est l'analyse des périodes de temps sur votre espace de vie.

Cette école met l'accent sur les conséquences de la modification des forces liées aux changements de période : à travers des nombres et des combinaisons de nombres, l'École des Étoiles volantes traite de la modification des énergies d'un lieu selon les périodes temporelles (années, mois, jours, heures). Les nombres portent une signification symbolique et sont associés aux cinq éléments (Feu, Terre, Métal, Eau, Bois). Ces éléments interagissent entre eux, mais aussi avec les objets placés dans les secteurs de la maison correspondant aux directions de la boussole.

Les orientations ne sont pas favorables ou défavorables éternellement : le Feng Shui temporel permet de contrôler l'évolution des influences dans la maison, sur toute une année, en étudiant l'influence des forces terrestres tangibles.

Il est ainsi nécessaire de faire évoluer les remèdes pour résoudre les problèmes des habitants d'un lieu, réguler le Qi et les activations avec le temps qui passe.

Chaque année, j'effectue une mise à jour de tous mes clients afin de pérenniser les bienfaits de l'expertise Feng Shui, car il est nécessaire d'apporter des remèdes afin de contrer les vibrations néfastes selon les différentes périodes. Qui plus est, si vous avez prévu des travaux structurels importants !

Le plan mental

Il correspond au Feng Shui de **l'École de la Forme** ou **San He**.

Celle-ci correspond à la dimension géographique du Feng Shui. J'étudie donc les formations du paysage et leur influence sur la maison.

Le Feng Shui de l'École de la Forme est le Feng Shui classique : il étudie dans les sites tout ce qui a été façonné par l'action des vents et de l'eau.

Cette école étudie l'environnement extérieur et intérieur d'un lieu : elle prend en compte la configuration des terrains, leurs limites, la topographie dans son ensemble et la façon dont l'environnement immédiat agit sur le cadre de vie.

La pratique, souvent représentée par les animaux symboliques (la Tortue, le Dragon de Jade, le Tigre Blanc, le Phénix et le Serpent), utilise les formes environnantes pour trouver les directions qui renvoient à ces animaux.

Chaque animal correspond à une énergie, à des couleurs, à des formes, au Yin et au Yang : l'École de la Forme s'applique également aux différentes pièces de la maison afin de créer une circulation continue du Qi.

Le Feng Shui repose sur le principe que l'environnement est vivant, avec des formes cachées provenant de la taille et de la couleur des structures physiques qui composent le paysage.

Le plan éthérique

Il est traité par **l'École de la Boussole** ou **Ba Zhai**.

On travaille sur le domaine énergétique, comme l'acupuncture ou la médecine traditionnelle chinoise. On définit huit catégories de personnes et huit catégories de Qi, dont la répartition est spécifique à chaque catégorie de personnes.

Je l'utilise pour le Feng Shui à l'intérieur des lieux.

Cette école correspond à la dimension spatiale du Feng Shui. Elle se sert de différents calculs utilisant les symboles du *Yi King* (*Le Livre des transformations*) et les règles de la boussole afin de détecter les directions ainsi que les secteurs de la maison ou du lieu de travail propices ou néfastes, qui sont ensuite personnalisés selon le sexe et la date de naissance.

L'École de la Boussole utilise le Bagua, qui est une sorte de plan de la maison idéal, qui permet de déterminer la place des couleurs, des matériaux, de la forme des objets afin que l'énergie du Qi circule de façon harmonieuse dans l'habitation.

J'utilise une boussole Feng Shui, le Luo Pan, pour déterminer où se situe le Nord cardinal. Ensuite, on positionne le Bagua par rapport au Nord pour identifier les secteurs de vie du lieu (amour, prospérité, santé, famille…) qui correspondent aux différentes zones géographiques.

Enfin, cette école intègre le chiffre Gua (étudié dans ce chapitre) de chaque habitant des lieux afin de déterminer ses directions favorables pour orienter le lit, le bureau.

Je développe ici ce système, car il peut vous être très utile afin d'effectuer une première analyse sur votre intérieur de maison et/ou de bureau.

Il s'agit d'un premier pas afin que vous puissiez mettre en œuvre une sorte de « méthode simplifiée » en superposant le diagramme sur le plan de votre habitation.

Cette approche permet d'harmoniser l'énergie globale de votre lieu de vie ou de votre bureau et d'activer chaque secteur pour attirer les énergies positives et « repousser » celles qui le sont un peu moins !

En Feng Shui, comme dans les arts taoïstes, l'essentiel est d'arriver à maintenir une harmonie : le Yin n'existe pas sans le Yang et vice versa, la lumière sans l'ombre, la nuit sans le jour, la réceptivité sans l'action…

Je vous propose d'explorer les secteurs de votre lieu afin de mettre en cohérence votre thème avec votre habitation : c'est la base pour harmoniser et dynamiser les énergies de votre *home sweet home*. Bien sûr, il s'agit d'une toute première approche qui ne dispense pas d'une expertise complète pour avoir des résultats ultra précis.

Si vous avez par exemple trop de l'élément Terre dans votre BaZi, je vous conseillerai d'éviter les couleurs terre de Sienne, marron, les objets en céramique…

En revanche, si vous n'en avez pas assez, alors bienvenue à la terre cuite et à toutes ses nuances colorées !

Voici les différents secteurs (que l'on appelle aussi « palais », j'adore ce terme très poétique !) en fonction de la cartographie du Bagua et quelques tips afin de proposer des solutions concrètes pour activer vos multiples potentiels dans votre espace de vie.

1. Secteur de la richesse (Sud-Est)

Ce secteur est directement lié à la prospérité, à l'abondance. En Occident, lorsque l'on parle d'abondance, on pense souvent à tous les aspects financiers, ce qui est en partie le cas. Cependant, cela est très réducteur, car pour les Chinois, l'abondance et la richesse sont d'abord liées à une bonne santé.

Ce palais est aussi lié à la croissance et aux opportunités. L'élément dominant est le Bois, qui symbolise la vitalité et l'expansion. C'est un secteur que j'harmonise évidemment en premier au cours de mes expertises professionnelles.

Comment activer ce secteur ?

– Ajoutez des plantes vivantes, comme du bambou ou un arbre à argent, qui représentent la croissance et l'énergie

positive. Vous avez souvent dans les restaurant asiatiques un *crassula ovata*, qui est l'arbre synonyme de richesse.
- Utilisez des objets symboliques tels que des bols d'abondance (petite soucoupe avec des pièces et des billets) ou des pièces chinoises réunies par un fil rouge pour stimuler la circulation de la richesse.
- Favorisez les couleurs du secteur : le vert et toutes ses déclinaisons. Intégrez-les à votre décoration sous forme de textiles, accessoires ou peintures.

2. Secteur de la carrière (Nord)

Il est associé à votre évolution professionnelle, à votre carrière, mais aussi au domaine de l'inconscient. Si ce palais est situé par exemple dans un grenier, je serai très attentive à tous les objets stockés qui sont autant de mémoires enfouies dans votre inconscient…

Ce secteur est dominé par l'élément Eau, qui représente la fluidité et l'adaptabilité. Je rappelle que le positionnement de l'Eau que l'on appelle « réelle », à savoir piscine, fontaine, bassin, jacuzzi, nécessite l'intervention d'un Maître Feng Shui.

C'est un endroit idéal pour positionner votre bureau.

Comment optimiser ce secteur ?
- Intégrez des images de paysages aquatiques pour favoriser un chemin de carrière fluide et prospère : attention à ne pas avoir de vagues déferlantes si vous souhaitez que votre entreprise soit prospère, le mouvement généré par de trop grosses vagues emporterait la stabilité financière…
- Privilégiez les nuances de bleu : marine, clair, canard, turquoise, cyan, etc., qui renforcent l'énergie du secteur.

3. Secteur de la santé et de l'équilibre (Centre)

Le centre du Bagua représente l'harmonie globale et l'état de santé physique et émotionnel. C'est ce palais qui maintient tous les autres et crée le lien : il est donc fondamental pour la cohérence de la maison ! Son élément principal est la Terre, qui apporte stabilité et ancrage.

Comment optimiser ce secteur ?

- Un aménagement dégagé : évitez l'accumulation d'objets ou de meubles lourds qui bloquent l'énergie.
- Évitez de positionner des toilettes, une salle de bains et encore moins une cuisine, car l'Eau et le Feu, qui sont les éléments de ces pièces, déstabilisent fortement l'énergie de calme qui doit régner dans cet endroit. Lorsque je travaille avec des architectes sur des constructions ou des rénovations, c'est toujours le cœur de la maison que je regarde en premier.
- Des objets en céramique, en pierre ou en cristal, pour renforcer la stabilité et l'énergie de guérison.
- Des couleurs apaisantes comme le beige, le jaune ou les teintes terreuses, qui favorisent l'équilibre.

4. Secteur des relations, des partenariats et de l'amour (Sud-Ouest)

C'est un secteur qui est très important dans une famille ou dans une entreprise. Il influence vos relations amoureuses, familiales et professionnelles. Il est aussi lié à l'énergie féminine dans un lieu de vie.

J'avais réalisé une expertise chez une femme célibataire près du bassin d'Arcachon, dont je suis originaire comme vous le savez puisque je n'ai (presque !) plus de secrets pour vous !

Elle souhaitait rencontrer un partenaire qui la comprenne, avec lequel elle puisse partager sa vie, bref elle souhaitait une belle histoire d'amour !

Son palais Sud-Ouest était dans une chambre vide de sa maison qui servait plus ou moins de débarras, elle y faisait son repassage… Je lui ai suggéré de prendre cette chambre et nous avons travaillé pour harmoniser cet espace.

Elle a fait une rencontre environ trois mois plus tard et avec son compagnon, ils ont récemment décidé d'acheter une maison en commun. La puissance du Feng Shui !

Si vous rencontrez des difficultés avec un collègue, un associé ou un partenaire professionnel, jetez un œil au Bagua de votre espace de travail… Vous pourriez y trouver la clé pour rétablir l'harmonie !

L'élément de ce secteur est la Terre, qui favorise la stabilité, l'harmonie émotionnelle et les relations durables.

Comment optimiser ce secteur ?

- Disposez des objets par paire, car le chiffre 2 est lié au Sud-Ouest (bougies, vases, coussins), pour symboliser l'union et l'harmonie ou les partenariats professionnels. Dans un bureau, vous pouvez par exemple positionner votre carte de visite et celle de votre associé.
- Intégrez des photos de couple, des tableaux afin de renforcer les liens affectifs.
- Utilisez les couleurs rose, rouge, jaune, qui stimulent l'énergie de l'amour et du partenariat, mais aussi du désir avec les orange flamboyants !

5. Secteur de la créativité et des enfants (Ouest)

Ce secteur est lié à l'expression artistique, aux projets créatifs et à la fertilité. Son élément dominant est le Métal, symbole de clarté, d'organisation et de positionnement.

Si vous souhaitez dynamiser votre envie de créer, de vous lier à l'énergie de votre enfant intérieur joyeux (celui qui se fiche pas mal des convenances !), c'est ce palais que vous devez embellir dans la joie !

C'est également un espace très important pour développer la créativité de vos enfants.

J'étais intervenue dans une école située à côté de La Rochelle pour booster une pièce afin que les enfants trouvent chacun leur moyen d'expression créative : on avait positionné des poufs, que les enfants avaient customisés avec des tissus, des paillettes ! La pièce est devenue très joyeuse alors qu'avant mon expertise, aucun enfant n'y restait vraiment.

Les chambres des enfants peuvent trouver parfaitement leur place dans un palais Ouest : ils seront créatifs et joyeux !

Comment optimiser ce secteur ?

- Ajoutez des objets artistiques ou inspirants, tels que des tableaux, sculptures ou carnets de croquis.
- Les couleurs claires comme le blanc, le gris et l'argenté, mais également des paillettes ! J'adore travailler avec l'énergie des couleurs pailletées, car elles réfléchissement la lumière et sont vraiment pour moi des couleurs avec une haute énergie vibratoire. Le noir et les nuances de gris dynamisent également une pièce.
- Créez un espace de travail ou un coin consacré aux loisirs et à la créativité. Si vous avez un métier où la créativité demande à être dynamisée (architecte d'intérieur, peintre, joaillier…), alors ce palais est essentiel à optimiser.

6. Secteur des aides extérieures, des voyages, de la spiritualité (Nord-Ouest)

Ce secteur régit les appuis amicaux et professionnels, les mentors et les opportunités de voyage, ainsi que la spiritualité. Il est également dominé par l'élément Métal.

Dans cette ère dominée par l'élément Feu, comme mentionné en début d'ouvrage, la spiritualité prend une place grandissante. Il est donc essentiel d'activer ce palais pour rester en harmonie avec l'énergie du moment et mieux naviguer dans cette période de transformation.

Ce secteur est aussi le palais de l'homme – la figure masculine de la maison ou le dirigeant dans une société.

J'avais expertisé une société d'avocats à Paris. Le cabinet comptait trois associés. Ils avaient chacun un bureau séparé. Sauf que l'un des associés et gérant majoritaire était dans le palais Est (qui est lié au Trigramme de l'enfant…) : il n'arrivait pas à faire entendre son point de vue, ses décisions étaient contestées sans cesse par les deux autres associés. Ils avaient monté ce cabinet ensemble, car ils se connaissaient depuis leurs études de droit et leur amitié se désagrégeait… J'ai conseillé que l'associé majoritaire change de bureau et se déplace dans le palais du Nord-Ouest, en leur expliquant bien entendu les raisons. Le changement effectué (plus quelques aménagements Feng Shui supplémentaires) a permis de réharmoniser leurs relations et de redynamiser le cabinet.

Comment optimiser ce secteur ?

- Installez des photos de lieux ou de personnes qui vous inspirent (mentors, figures spirituelles). J'ai toujours une photo du rocher d'Es Vedrà à Ibiza, qui est un lieu où je vais méditer dès que j'en ai l'occasion. Chacun trouvera sa symbolique de spiritualité, un lieu où, lorsque vous fermez les yeux, vous sentez un profond alignement intérieur et une solidité d'ancrage puissante.
- Ajoutez des objets en métal, tels que des sculptures ou des cloches tibétaines. C'est aussi un bon endroit pour positionner vos enceintes, la musique étant liée à l'élément Métal.
- Les couleurs gris, blanc et argenté sont idéales pour stimuler ce secteur.

7. Secteur de la connaissance, du développement personnel (Nord-Est)

Représentant la sagesse et le développement personnel, ce secteur est gouverné par l'élément Terre.

Ici, le calme et la sérénité sont les énergies qui règnent : c'est un emplacement idéal pour une salle de bains, les toilettes, un espace de lecture, une chambre…

C'est une énergie Yin d'accueil, de réceptivité, de douceur.

Si vous avez une activité professionnelle plutôt Yin (écriture, massages, administratif…), vous pouvez mettre un bureau dans ce lieu. En revanche, si votre métier est plutôt Yang, vous ne serez pas dans les meilleures dispositions pour des appels téléphoniques ! Aussi voici quelques conseils pour temporiser ou dynamiser l'énergie en fonction de vos spécificités.

Comment optimiser ce secteur ?

- Aménagez un coin lecture ou méditation, avec des livres et des objets spirituels. Une bibliothèque trouve parfaitement son emplacement dans ce palais.
- Placez des statues inspirantes (Bouddha, maîtres spirituels) pour favoriser l'introspection et la sérénité.
- Optez pour des teintes naturelles (beige, jaune, ocre), qui soutiennent l'ancrage et la réflexion.

8. Secteur de la famille et de la vitalité (Est)

Ce secteur influence les liens familiaux et la dynamique relationnelle. Son élément est le Bois, qui symbolise la croissance et l'évolution.

C'est l'endroit parfait pour positionner les pièces de vie familiales, comme le séjour, la cuisine, tous les lieux de partage.

Bien sûr, pour la cuisine, l'Est est une implantation très favorable, car la cuisine est liée à une énergie de vitalité très Yang, afin que tous les membres de la famille soient dans la meilleure santé possible.

Pour des bureaux, une salle de réunion est parfaite à l'Est.

Comment optimiser ce secteur ?

- Ajoutez des plantes vivantes, qui favorisent la vitalité et la cohésion familiale et professionnelle. Je vous conseille plutôt des plantes verticales, qui représentent la poussée vers le haut, et donc une puissante énergie Yang.
- Disposez des photos de famille, symboles de connexion et d'unité, un arbre généalogique ou quelque chose qui témoigne de vos racines.
- Utilisez des couleurs vertes et toutes les nuances de vert pour stimuler l'énergie du Bois.

9. Secteur de la réputation et de la reconnaissance (Sud)

Le secteur Sud est lié à votre image, à votre notoriété et à la reconnaissance de vos talents, mais également aux amis. Il influence la manière dont les autres vous perçoivent, tant sur le plan personnel que professionnel. Son élément est le Feu, symbole de dynamisme, de passion et de succès.

Ce palais est Yang, vitalisant, vibrant !

Si vous manquez de Feu dans votre thème, avoir un lieu d'habitation baigné de lumière renforce votre confiance en vous et vous aurez plus de facilité à créer du lien avec les autres.

En harmonisant ce secteur, vous amplifiez votre rayonnement personnel et professionnel, et favorisez les opportunités de succès et de reconnaissance : vous serez reconnu à votre juste valeur et vous ne passerez pas inaperçu !

Comment optimiser ce secteur ?

- Ajoutez des sources de lumière (bougies, lampes, guirlandes lumineuses) pour activer l'énergie du Feu et renforcer votre visibilité.
- Exposez des diplômes, trophées ou distinctions qui reflètent vos réussites et mettent en valeur vos compétences.

- Privilégiez les couleurs rouges, orangées et violettes, qui stimulent l'énergie du Feu et attirent la reconnaissance.
- Évitez l'eau et les couleurs sombres qui affaiblissent l'énergie de ce secteur.

Le Feng Shui des plantes

Les plantes, fleurs et arbres sont considérés comme des forces vivantes, porteuses d'une énergie puissante et régulatrice, qui interagissent avec l'environnement pour favoriser l'harmonie. Ces éléments naturels agissent activement pour équilibrer les flux d'énergie dans notre environnement et dans notre vie quotidienne. La façon dont nous les utilisons peut avoir un impact direct sur notre prospérité, notre santé, nos relations et notre créativité.

Chaque plante, arbre ou fleur est associé à l'un des cinq éléments du Feng Shui : le **Bois**, le **Feu**, la **Terre**, le **Métal** et l'**Eau**. Chacun de ces éléments symbolise une facette essentielle de votre vie, et chaque plante ou arbre peut être utilisé pour activer ou équilibrer les énergies dans votre espace.

Les plantes sont en quelque sorte des « canaux vivants ». Elles captent, transforment et dirigent l'énergie selon leur nature, leur forme, leur couleur et leur emplacement. Elles n'agissent pas seulement sur le plan physique ou esthétique ; elles influencent aussi nos états émotionnels, notre bien-être et nos relations sociales.

Les plantes sont liées à l'élément Bois du Feng Shui, qui symbolise la croissance, la vitalité, la prospérité et le renouveau.

Comme vous le savez, je n'ai pas de Bois dans mon thème et j'adore avoir des plantes chez moi pour dynamiser au maximum cet élément manquant.

Je vous livre ici quelques conseils pour fleurir vos espaces de vie !

Le Bois : santé et abondance dans les secteurs Est et Sud-Est

Le Bois est l'élément central des plantes dans le Feng Shui. Il symbolise la croissance, la vitalité, la création et le renouvellement. Il est particulièrement important dans les secteurs où l'on souhaite activer la prospérité et stimuler l'énergie de l'expansion.

Les plantes en pot, souvent associées à la croissance verticale, symbolisent l'ascension et la prospérité. Le bambou chanceux est un symbole puissant dans les cultures asiatiques pour attirer la richesse et la chance, on l'appelle le Lucky Bambou !

Tips plantes : le bambou, les fougères, les orchidées, l'hibiscus.

Le Feu : transformation et passion dans le Sud

Les plantes et les fleurs rouges ou orange représentent l'élément Feu, qui incarne la transformation, l'action et la passion. Le Feu génère aussi l'intensité pour les projets professionnels ou personnels.

Tips plantes : la pivoine rouge, les gerbera, les hortensias.

La Terre : stabilité et sérénité dans le Centre et le Nord-Est

L'élément Terre est lié à l'ancrage et à la stabilité. Ce sont les plantes avec des racines profondes et stables qui favorisent l'ancrage de l'énergie et symbolisent la solidité et l'équilibre dans l'espace.

Les plantes robustes avec des racines solides apportent une sécurité émotionnelle et une base solide pour une vie équilibrée.

Tips plantes : le philodendron, l'aloe vera, le géranium, le laurier rose.

Le Métal : clarté et précision dans l'Ouest et le Nord-Ouest

L'élément Métal favorise la clarté mentale, la discipline et la réflexion. Les plantes ayant des formes géométriques simples ou des plantes succulentes, qui ont une forme arrondie, sont idéales pour activer l'énergie du Métal.

Tips plantes : la boule de neige, la corbeille d'argent, le bouton d'or.

L'Eau : carrière et relaxation dans le Nord

L'élément Eau symbolise la fluidité, la réflexion et la nourriture émotionnelle. Les plantes aquatiques ou les plantes à feuilles souples représentent l'élément Eau et apportent de la paix intérieure et de la sérénité.

En Feng Shui, l'Eau est liée à des secteurs comme la carrière, où il est nécessaire de stimuler la fluidité et les opportunités.

Tips plantes : les fleurs de prunier, le pavot bleu, le camélia, le gardénia, les nénuphars.

Bonus : les plantes sacrées et leur utilisation en pharmacopée

Elles sont intégrées à des pratiques millénaires de guérison, à travers la médecine traditionnelle chinoise (MTC), les tisanes, le thé et la pharmacopée. Ces plantes sont utilisées pour équilibrer l'énergie dans un espace, favoriser la prospérité, la santé et la créativité, et restaurer l'harmonie entre le Yin et le Yang. Elles sont des catalyseurs d'énergie, des symboles de guérison.

Le lotus : symbole de pureté et de méditation

Plante sacrée en Chine où il symbolise l'éveil spirituel, la pureté et la résilience spirituelle. Dans le Feng Shui, le lotus est utilisé pour purifier l'énergie d'un espace et attirer des vibrations positives.

Dans les tisanes et les thés, il est reconnu pour ses effets calmants, anti-stress et soulageant les tensions nerveuses. C'est un thé parfait pour favoriser la relaxation et l'équilibre émotionnel.

Le ginseng : la racine de longévité et de vitalité

Reconnue pour ses propriétés adaptogènes, cette racine est un véritable booster d'énergie et un fortifiant naturel.

Le ginseng est une racine extrêmement précieuse en MTC, utilisée pour renforcer le Qi et améliorer la circulation sanguine. Il est souvent prescrit pour les personnes souffrant de fatigue chronique ou de manque d'énergie. C'est également un excellent tonique pour le cœur et il joue un rôle clé dans le renforcement du système immunitaire. Il est souvent associé à d'autres plantes adaptogènes pour équilibrer l'énergie et renforcer le Yin et le Yang.

Le gingembre : l'énergie réchauffante et stimulante

Il est associé à l'élément Feu dans le Feng Shui, apportant ainsi une énergie de passion, de motivation et de transformation.

En MTC, le gingembre est utilisé pour stimuler la circulation sanguine, réchauffer le corps et disperser le froid. Il est également recommandé pour améliorer la digestion, soulager les nausées et renforcer le système immunitaire.

La camomille : la plante de paix et d'harmonie

C'est une plante douce et apaisante utilisée depuis des siècles dans les tisanes pour favoriser le relâchement et la guérison intérieure.

Elle est utilisée pour réduire les tensions et favoriser un sommeil réparateur. Elle est également connue pour ses propriétés anti-inflammatoires et calmantes. Elle est souvent utilisée pour traiter les troubles digestifs liés au stress.

Le chrysanthème : l'herbe sacrée de la clarté mentale

Il est souvent utilisé dans les rituels spirituels pour purifier l'air et équilibrer les énergies.

Le chrysanthème est utilisé pour ses effets rafraîchissants et calmants. En MTC, il est recommandé pour traiter les troubles liés au vent chaud et à l'excès de chaleur dans le corps, comme les maux de tête ou les yeux fatigués. Il est également connu pour ses propriétés anti-inflammatoires et antioxydantes.

Les couleurs et l'énergie des lieux

« Je crois en la couleur rose.
Je crois que le rire est la meilleure façon
de brûler des calories. Je crois aux baisers,
beaucoup de baisers. Je crois qu'il faut être forte
quand tout semble aller mal. Je crois que les filles
joyeuses sont les plus jolies. Je crois que demain
est un autre jour et je crois aux miracles. »

Audrey Hepburn

J'avais envie de partager avec vous ma vision des couleurs et la façon dont elles peuvent dynamiser, apaiser, faire vibrer vos énergies dans vos lieux de vie.

Les couleurs font partie intégrante de notre vie et nous influencent à chaque instant, de façon consciente ou inconsciente.

Vous pouvez stimuler votre énergie vitale en utilisant les vibrations dégagées par les couleurs.

En effet, l'énergie dégagée par les couleurs qui sont présentes dans votre quotidien est puissante et peut influer sur vos émotions, vos états d'âme, votre confiance en vous et la manière dont les autres vous perçoivent de façon visible et significative.

Quelle est la couleur que vous aimez le plus ? Celle que vous aimez le moins ? Celle pour laquelle vous avez une réelle aversion ? Celle qui vous calme et vous rend heureux ?

Grâce aux couleurs, vous pouvez réharmoniser votre corps énergétique, mental et émotionnel, avoir un réel impact sur votre vie quotidienne et interagir sur votre bien-être.

Les couleurs permettent de créer une infinité d'ambiances : elles peuvent apaiser, dynamiser, réchauffer, égayer ou, au contraire, susciter une sensation d'oppression ou de mélancolie selon leur utilisation.

Les cinq éléments et les couleurs sont liés.

Les couleurs que vous sélectionnez pour décorer votre maison influencent fortement l'énergie de votre espace. Chaque palais est, comme on l'a vu, lié à une couleur spécifique, et en intégrant cette teinte dans le secteur correspondant, vous amplifiez son énergie. Que ce soit à travers la peinture des murs, le revêtement du sol, du plafond, les objets décoratifs, les fleurs ou les œuvres d'art, chaque touche de couleur contribue à l'harmonie de votre environnement.

Chaque couleur rentre également en résonance avec le système des chakras qui sont des éléments essentiels à la circulation énergétique dans le corps humain. Ce sont des portes entre l'intérieur de l'individu et son extérieur, c'est-à-dire son environnement.

À chaque chakra correspond une couleur et une énergie.

Je vous propose de rentrer plus en profondeur dans les couleurs afin de compléter le système du Bagua et ainsi apporter des précisions supplémentaires pour vos aménagements intérieurs.

Avant d'analyser en détail les différentes couleurs, leurs significations et symboliques, je vous propose de remplir ce tableau :

QUELLE EST VOTRE COULEUR PRÉFÉRÉE ?	QUELLE EST LA COULEUR QUE VOUS AIMEZ LE MOINS ?

La couleur que vous aimez le moins est liée à votre chakra le plus fragile. Par exemple, si vous détestez le rouge, votre système immunitaire ou votre capacité à vous sentir en sécurité financière peuvent être fragilisés.

Je vous recommanderai donc d'accentuer la présence de la couleur rouge dans les secteurs du Bagua où elle est particulièrement bénéfique.

En revanche, si c'est votre couleur préférée, alors essayez de minimiser sa présence ! Votre chakra racine est déjà bien ancré et gardez toujours à l'esprit le fait que le système de la métaphysique chinoise repose sur un équilibre.

Le marron/chocolat/beige

Le marron est une couleur liée à l'élément Terre, symbolisant la stabilité et l'ancrage. Elle apporte une sensation de chaleur et de réconfort. Lorsque Regina Martino m'a transmis son savoir en matière de lithothérapie énergétique, elle parlait du « chakra bordeaux » qui est lié à nos mémoires transgénérationnelles, à nos fondations très profondes. Si vous ne connaissez pas votre famille, que vous avez été adopté, que votre famille a dû être déracinée, c'est un chakra à embellir dans votre vie et dans votre habitation grâce aux tonalités marron.

Utilisation Feng Shui :
- Favorable dans les secteurs Centre, Nord-Est et Sud-Ouest.
- Idéal pour renforcer la stabilité et la sérénité d'un espace.

Le rouge

Le rouge est la couleur du chakra racine (Muladhara), situé à la base de la colonne vertébrale. Il est lié à la sécurité, à la stabilité et à l'ancrage. Étant la couleur la plus dynamique et active, il incarne le feu, la passion et la vitalité. Associé à l'énergie Yang, le rouge stimule la force et le dynamisme. Si vous êtes sans cesse fatigué, avec des soucis financiers, que vous n'arrivez pas à concrétiser vos projets, que vous avez des problèmes de poids, alors dynamisez cette couleur dans votre lieu de vie.

Utilisation Feng Shui :
- Favorable dans les secteurs Sud, Sud-Ouest, Centre et Nord-Est.
- Idéal pour les espaces où l'on souhaite apporter chaleur et convivialité, les espaces de partage, comme la salle à manger.

L'orange

L'orange est la couleur du chakra sacré (Svadhisthana), situé sous le nombril. Il est lié à la créativité, aux émotions et au plaisir. Cette teinte positive apporte la joie de vivre, la créativité, les plaisirs physiques, la sexualité. C'est un chakra qui est souvent source de blessures et de douleurs pour les femmes qui ont subi des abus ou qui ont eu une éducation assez rigide. C'est le chakra du « j'ai envie ».

Pour vous aider avec ce chakra, privilégiez des teintes avec des orange flamboyants !

Utilisation Feng Shui :

- Idéal dans les secteurs Feu et Terre : Centre, Nord-Est, Sud-Ouest et Sud.
- Parfait pour les espaces favorisant la sociabilité et la convivialité, comme les salles de réception ou de fête, mais aussi en petites touches dans la chambre à coucher pour réveiller le désir.

Le jaune

Le jaune correspond au chakra du plexus solaire (Manipura), situé au niveau du nombril. Il symbolise la confiance en soi et la possibilité de trouver sa juste place. Si vous avez du mal à passer à l'action, que vous procrastinez, que vous êtes souvent hésitant dans vos choix, je vous conseille de booster cette couleur Yang, notamment dans votre bureau et dans toutes les pièces qui ont besoin d'une énergie dynamique. Vous serez alors à votre place pour agir et pour réussir.

Utilisation Feng Shui :

- Favorable dans les secteurs Centre, Sud, Sud-Ouest et Nord-Est.
- Idéal pour les espaces de travail et d'apprentissage, où il stimule l'intellect et l'action.

Le vert

Le vert est la couleur du chakra du cœur (Anahata), lié à l'amour et à l'équilibre. Il incarne la nature, la croissance et l'harmonie. Cette teinte apaise les tensions et favorise un sentiment de bien-être. Il est lié à l'amour de soi. Si vous avez du mal à ouvrir votre cœur suite à un deuil, à une rupture et à vous mettre en lien avec l'autre de peur de souffrir, alors la présence de cette couleur dans votre maison vous permettra de renouer avec l'amour. Vous accepterez de donner.

Utilisation Feng Shui :
- Parfait pour les secteurs Est et Sud-Est.
- Idéal pour la salle de bains et les espaces de détente.
- Il s'associe harmonieusement avec le bois en décoration.

Le rose

Le rose est, avec le vert, la couleur du chakra du cœur (Anahata), qui incarne l'amour, la douceur et la guérison : les mains et le toucher sont les prolongements du cœur. Accepter de recevoir de l'amour est lié à la guérison de votre être.

Utilisation Feng Shui :
- Idéal pour la chambre, en particulier celle des enfants et des adolescents. C'est une couleur très bénéfique pour les enfants en cas de divorce des parents… Je la conseille régulièrement en petites touches (plaids, bougies…).
- Il est favorable dans le Sud, le Sud-Ouest et le Nord-Est.
- Il favorise la tendresse et la romance.
- Symbole du mariage et de la maternité, il apaise et apporte une sensation de bien-être intérieur.

Le bleu

Le bleu représente le chakra de la gorge (Vishuddha), centre de la communication et de l'expression. Il favorise le calme, l'introspection et l'apaisement. Si vous avez du mal à communiquer, que vous vous sentez incompris, que trouver votre voie (professionnelle, amoureuse, familiale…) vous préoccupe, que ce que vous dites n'est pas toujours conforme à la réalité, alors *boostez* les tonalités bleues dans votre intérieur !

Utilisation Feng Shui :
- Convient aux secteurs Nord, Est et Sud-Est.
- Idéal pour la chambre, mais en quantité modérée pour éviter une énergie trop passive.

L'indigo

L'indigo est associé au chakra du troisième œil (Ajna), situé entre les sourcils. Il représente l'intuition, la vision intérieure et la clairvoyance. Si vous avez du mal à voir au-delà des apparences, que vous vous concentrez sur des petits détails qui vous empoisonnent la vie, que vous êtes brouillon dans votre réflexion, alors l'indigo va vous éclaircir la pensée.

Utilisation Feng Shui :

- Favorable dans le secteur Nord-Est et Nord.
- Apporte une ambiance propice à la méditation et à la réflexion, à ajouter également en touches dans une bibliothèque.

Le violet

Le violet est la couleur du chakra couronne (Sahasrara), situé au sommet du crâne. Il incarne la spiritualité, la conscience supérieure et la connexion au divin. C'est la liberté de l'âme que l'on connecte avec ce chakra. Il vous permet de dépasser les contraintes familiales, sociales, professionnelles, d'avoir confiance en la vie et de croire que tout va bien se passer. C'est la foi, celle qui nous chuchote à l'oreille « ne t'inquiète pas, tout ira bien » lorsque l'on doute.

En Feng Shui, il est synonyme de richesse et de prospérité : alors *let's go* sur le violet !

Utilisation Feng Shui :

- Convient aux secteurs Nord, Nord-Ouest, Nord-Est.
- Parfait pour les espaces de méditation et de développement personnel.

Les trois dernières couleurs ne sont pas liées à des chakras, mais ont une grande importance dans le Feng Shui.

Le blanc

Le blanc est associé à l'élément Métal et incarne la pureté, la clarté et la lumière. Il dynamise un espace, mais peut manquer de chaleur. Je conseille souvent en expertise de laisser les murs blancs et d'habiller les lieux de vie de couleurs avec des objets, des tableaux, des tentures, des tapis…

Utilisation Feng Shui :

- Favorable dans les secteurs Ouest, Nord-Ouest et Nord.
- Pour une chambre, il est conseillé de l'associer à des tons doux (rose, beige, lilas) pour créer un effet cocooning.

Le gris

Le gris, lié à l'élément Métal, est une couleur neutre qui symbolise la sagesse et l'équilibre. En excès, il peut engendrer frustration et pessimisme. Alors allez-y doucement sur les tonalités grises si votre chakra du cœur est fragilisé.

Utilisation Feng Shui :

- Idéal pour les secteurs Ouest, Nord-Ouest et Nord.
- Permet de tempérer des couleurs plus vives et de créer une ambiance apaisante.

Le noir

Le noir représente la spiritualité et la sagesse. En Occident, il est souvent associé au deuil, mais en Feng Shui, il incarne l'élément Eau, propice à la réflexion et à l'introspection.

Utilisation Feng Shui :

- Optimisé dans les secteurs Nord, Est et Sud-Est.
- Parfait pour ajouter du contraste, mais à utiliser avec modération pour éviter une atmosphère trop lourde (pour des objets, des chaises…).

À travers ce voyage en chromothérapie, vous découvrez à quel point les couleurs impactent votre énergie et votre environnement ! En comprenant leur lien avec les chakras, vous pourrez aménager des espaces équilibrés et harmoniser votre propre énergie, ainsi que celle de votre famille.

CHAPITRE

5

L'ÉNERGIE D'ÉQUILIBRE : INTÉGRER LES CINQ ÉLÉMENTS POUR UNE RÉUSSITE ALIGNÉE

Le *Wŭ xíng*, ou les trois cycles

•

Le Bois : adaptabilité et créativité

•

Le Feu : passion et transformation

•

La Terre : stabilité et ancrage

•

Le Métal : positionner et donner du sens

•

L'Eau : ressenti et intuition

•

Bilan énergétique

•

L'énergie d'Équilibre représente la synthèse de toutes les énergies précédemment activées. Elle s'incarne dans l'harmonisation consciente et dynamique des cinq éléments essentiels : le Bois, le Feu, la Terre, le Métal et l'Eau. Chacun d'eux porte une qualité essentielle à notre épanouissement, et c'est en les faisant cohabiter que nous trouvons notre juste place.

Intégrer les cinq éléments dans notre quotidien, c'est apprendre à équilibrer action et repos, intuition et logique, ancrage et légèreté. C'est aussi une façon de mieux comprendre nos excès, nos manques, et les régulations nécessaires.

Ce chapitre vous initie à cette lecture dynamique et vivante de votre énergie et vous propose des pistes concrètes pour rétablir l'harmonie.

Vous serez capable d'instaurer une harmonie durable et consciente entre vos aspirations personnelles, votre environnement et votre dynamique énergétique interne, ce qui vous offrira ainsi un cadre idéal pour une réussite authentique et pleinement alignée.

Car c'est dans l'équilibre que naît la réussite durable.

Comme on l'a vu précédemment, les cinq éléments du cycle du *Wŭ xíng* constituent le socle des arts de la métaphysique chinoise permettant d'harmoniser son thème avec son lieu de vie.

Au cours de mon apprentissage, j'avais tellement de données à emmagasiner (j'adore apprendre avec tout mon Métal !) qu'à certains moments, j'étais perdue et Moune me disait toujours : « Reviens à l'essentiel, Nathange : le cycle du *Wŭ xíng*. »

Nathange est le surnom que m'a donné Moune dès notre rencontre…

Toujours est-il que je dessinais le cycle des cinq éléments et mon esprit s'éclairait comme par magie !

Ces cinq éléments font référence à des qualités, des fragilités, des traits de caractère, mais aussi des organes. Ils constituent les cinq états du Qi : rien ne peut exister si un élément manque !

Ils représentent le principe même de l'existence : les cinq notes de musique, les cinq doigts de la main, les cinq mouvements... Je pratique régulièrement la danse des Cinq Rythmes créée par Gabrielle Roth, qui est une danse libre sur les cinq mouvements universels (fluide, staccato, chaos, lyrique et quiétude). Cet enchaînement des Cinq Rythmes permet un lâcher-prise incroyable pour ensuite accueillir le changement et la transformation dans notre vie.

Je pratiquais énormément avant 2020, je n'ai pas repris avec la même intensité depuis.

Ces cinq mouvements possèdent une force libératrice très puissante qui m'a permis de rebondir après des passages de vie douloureux...

Quand j'étudie une carte astrale des Animaux, je regarde quel élément domine le thème et quel élément est fragilisé. À partir de là, je peux déterminer comment vous aider, vous accompagner pour diminuer un trop-plein d'un élément et voir avec vous comment intensifier un autre élément qui est en minorité.

J'agis de la même façon quand j'expertise un lieu : la maison demande-t-elle plus de Métal, moins de Bois ?

Que représente ce bureau surchargé que vous n'arrivez pas à ranger ?

Il constitue une indication, comme un code dans votre énergie à déchiffrer : par exemple, l'élément Bois est à booster dans cette partie de la maison. Mais, du fait de son encombrement, l'énergie de la colère (qui est liée au Bois) peut se manifester...

En arrivant chez vous, je peux tout d'abord vous « décrypter » grâce à mes précieux outils et connaître vos blocages, vos schémas répétitifs... Puis, dans un second temps, grâce au *Wŭ xíng* (cycle des cinq éléments), je peux modifier l'énergie de la maison et donc votre énergie.

En mettant en concordance votre thème avec le thème de la maison, vous agissez sur la Chance du Ciel et sur la Chance de la Terre : le diagnostic est établi avec le BaZi et le remède est trouvé grâce au Feng Shui.

Le *Wŭ xíng*, ou les trois cycles

L'observation attentive des constellations et de leurs mouvements cycliques a amené les anciens Chinois à concevoir un modèle cosmologique complexe, celui des Cinq Mouvements (*Wŭ xíng*). Ces cinq phases fondamentales — Bois, Feu, Terre, Métal et Eau — ne sont pas simplement des éléments statiques, mais des forces dynamiques en constante interaction. Elles représentent les différentes étapes du changement universel, reflétant les cycles de la nature, les transformations de la société et même les processus internes de l'être humain. Loin d'être une simple classification abstraite, les Cinq Mouvements offrent un cadre pour comprendre l'interconnexion de tous les phénomènes, du macrocosme au microcosme.

Le cycle de production

C'est une phase dans laquelle les éléments se soutiennent et se renforcent entre eux.

Ce cycle est le moteur de la création, il est en harmonie et en mouvement permanent.

Dans ce cycle, les éléments se nourrissent les uns les autres : l'Eau nourrit les plantes ; le Bois alimente le Feu ; le Feu, qui brûle la matière, se transforme en cendre et produit la Terre dans laquelle on trouve les minéraux et donc le Métal ; le Métal qui, par condensation, produit l'Eau.

Le cycle de contrôle

Dans ce cycle, chaque élément contrôle, ou contraint, un autre élément. L'Eau éteint le Feu, le Feu fait fondre le Métal, le Métal coupe le Bois, le Bois envahit la Terre, et la Terre endigue l'Eau.

Le mot « contrôle » peut apparaître avec une connotation négative, mais il n'en est rien ici, car il indique ici un mécanisme de régulation pour tempérer l'intensité des éléments.

Le contrôle doit être mesuré, il ne doit pas être dans l'excès ni dans l'abus, il se doit d'être harmonieux.

Il impose une structure et oriente l'énergie d'un élément.

Le cycle d'affaiblissement

Chaque élément qui est produit affaiblit celui qui l'a produit : quand la Terre produit le Métal, le Métal prend plus de force et la Terre baisse en énergie.

Au début de mon activité d'astrologue chinoise, j'ai eu un consultant qui avait comme élément dominant le Feu. C'était un grand sportif qui avait besoin d'une endurance cardiaque puissante dans le cadre de son métier. Or sa maison était face à la mer, donc l'Eau était en majorité dans sa maison. Dans le cycle des cinq éléments, l'Eau éteint le Feu. Je ne comprenais pas pourquoi il avait autant d'arythmie cardiaque alors que dans le Feng Shui de sa maison, l'Eau étant l'élément dominant, elle éteignait son Feu… Ce cas m'a posé bien des soucis… Puis un matin la solution m'est apparue comme une évidence : j'ai compris qu'il fallait adoucir son Feu avec le cycle de contrôle et donc mettre plus de Terre dans sa maison et dans son thème !

Je lui ai conseillé de méditer en se levant le matin afin de trouver un ancrage et des racines plus stables. Je lui ai aussi conseillé de repeindre la partie de son salon qui était la plus exposée au Feu (sa façade était plein Sud, donc plein Feu !) d'une couleur Terre. Il a choisi la terracotta pour le mur face à la mer (la Terre contrôle l'Eau). Je lui ai également préconisé de marcher sans écouter de musique pour vraiment se connecter et écouter les sons de la Terre. Au fil du temps, son rythme cardiaque s'est régulé et son Feu a pu s'apaiser.

Ces trois cycles sont à employer avec une extrême finesse.

Dans ce cas, j'ai utilisé le cycle d'affaiblissement afin d'équilibrer les éléments.

Revenir toujours au noyau dur du *Wŭ xíng* me permet d'analyser, de comprendre, d'interpréter et de conseiller la personne, aussi bien pour elle-même que pour sa maison.

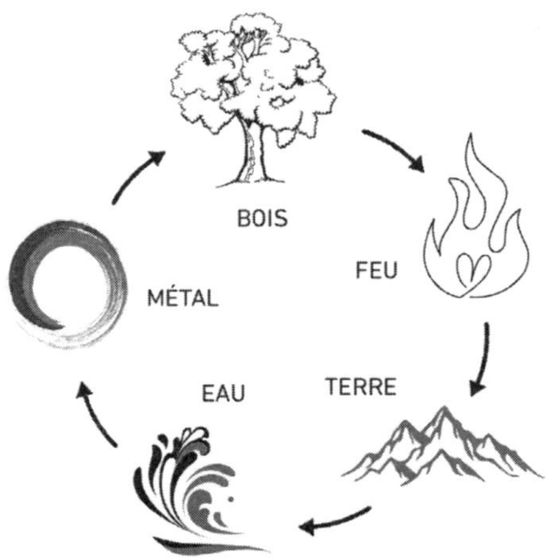

Chacun des éléments véhicule un Qi propre et spécifique. En relation avec ce Qi spécifique, des qualités, formes, directions…, peuvent donc être attribuées à chaque élément.

La théorie des cinq éléments offre une vision holistique de l'être humain, en liant les aspects physiques, émotionnels et énergétiques. En comprenant les correspondances entre les éléments, les organes et les émotions, il est possible d'identifier les déséquilibres et de mettre en place un traitement personnalisé pour retrouver l'harmonie.

Le Bois : adaptabilité et créativité

L'élément Bois symbolise la croissance, le renouveau et le changement. Il est associé à la direction de l'Est et au renouveau printanier, saison où la nature revit et où tout se met à bourgeonner.

Sa couleur vert tendre évoque les premières pousses tendres qui percent la terre, symbolisant la naissance et la croissance. Son mouvement est centrifuge, expansif, à l'image d'une graine qui germe et d'une plante qui s'étire vers la lumière. Le Bois représente le passage de l'inconscient au conscient, de l'invisible au visible. C'est comme si, après un long sommeil hivernal, la vie se réveillait, pleine d'énergie et de promesses. Son énergie, comparable à celle du vent, est à la fois créatrice et tumultueuse, rappelant la force de la nature qui se transforme et se renouvelle sans cesse.

Le Bois représente également la flexibilité, la capacité d'adaptation et la direction. On le retrouve dans la nature sous la forme des arbres, dont les racines s'enfoncent profondément dans la terre pour puiser la force nécessaire à leur croissance, tandis que leurs branches s'étirent vers le ciel.

Mon compagnon a beaucoup de Bois dans son thème (ça tombe bien, moi qui n'en ai pas du tout, il vient m'apporter cette ressource !) : il a une grande capacité à écouter et à s'ouvrir à ce qu'il ne connaît pas. Ah, la nouveauté ! Le cheval de bataille des personnes avec un élément Bois dominant.

Leur défi va être d'éviter la dispersion qui peut venir titiller leur envie d'aller toujours voir de nouveaux horizons.

La curiosité anime les personnes qui ont cet élément en dominante.

Une de mes clientes a trois Tigres dans son thème, comme mon filleul : trois Tigres, c'est beaucoup ! C'est une femme extraordinaire qui a le cœur sur la main et mille idées à la minute. Mais… elle a de la difficulté à concrétiser ce qu'elle a vraiment envie de faire, car étant douée dans de nombreux domaines, tout l'intéresse ! Ah, ces Tigrous !

On a travaillé afin qu'elle mène un premier projet à son terme : elle souhaitait se remettre à conduire et n'avait pas touché un volant depuis vingt-deux ans. Grâce à des exercices de méditations guidées et à des visualisations (donc de la Terre dans la symbolique pour ancrer, puis stabiliser la réussite d'un projet), elle a trouvé les ressources nécessaires pour reprendre des leçons à l'auto-école et se remettre derrière un volant ! Alain Prost, sors de ce corps, une nouvelle étoile de la Formule 1 était née !

J'adore le Tigre, car il est constitué de Bois Yang, que je n'ai absolument pas dans mon thème natal. Mon compagnon a un Tigre dans son pilier du jour (donc le lien à l'amour) : il est issu des Compagnons du devoir et a une société de construction de maisons en bois depuis quinze ans. Plusieurs de ses créations (ses constructions sont de véritables créations) sont de réels chefs-d'œuvre comme on dit chez les Compagnons.

Il épuise son énergie Bois dans son travail. Mais aujourd'hui, il termine un cycle et se lance dans une carrière de comédien : le Feu brûle le Bois et donc diminue cette énergie trop présente et étouffante. Son premier métier sera toujours présent, mais en diminuant son rythme et en laissant la place à une énergie plus joyeuse pour lui.

Le Bois symbolise par excellence le début, la germination et la croissance. Il représente la force vitale qui pousse toute chose à se développer et à s'épanouir.

Tout comme une jeune pousse qui s'adapte à son environnement, le Bois incarne la capacité à changer, à s'adapter et à se transformer. Il est synonyme de souplesse et de fluidité.

Il est associé à la prise de décisions, à la planification et à l'instauration d'objectifs. Il représente la capacité à orienter son énergie vers un but précis.

Le Bois est lié à l'imagination, à la créativité et à la capacité à trouver de nouvelles solutions. Il représente l'esprit d'entreprise et l'envie de progresser : une personne avec beaucoup de Bois dans son thème va adorer entreprendre et embarquer les personnes qu'elle apprécie avec elle !

Le Bois est également associé à la compassion, à la générosité et à la bienveillance envers les autres. Il représente la capacité à prendre soin des autres et à établir des relations harmonieuses.

Si votre thème est défaillant en Bois, cela peut signifier que votre capacité à entreprendre des projets est difficile et que vous n'êtes pas forcément le prochain Picasso !

En médecine traditionnelle chinoise, le Bois est lié au foie et à la vésicule biliaire, organes qui jouent un rôle essentiel dans la digestion et la purification du sang.

Un excès d'énergie Bois peut se manifester par des problèmes de foie, des tensions musculaires et une tendance à démarrer mille et une choses que vous n'arriverez pas à mener à leur terme…

Au contraire, une insuffisance de Bois peut entraîner de la fatigue, de l'indécision et une tendance à la dépression. La colère, la frustration, l'agressivité, l'impulsivité, la nervosité sont liées à l'énergie du Bois.

Tips Bois Feng Shui

Dans le Feng Shui, l'élément Bois est utilisé pour favoriser la créativité, la croissance personnelle et professionnelle. Dans un lieu, les plantes vertes, les meubles en bois naturel, ou les couleurs comme le vert ou le bleu (l'Eau étant l'élément qui le fait prospérer) sont représentatifs de cet élément. Par exemple, placer une plante assez haute à gauche de votre bureau va créer un Dragon vert (une forme protectrice en Feng Shui qui est liée au principe masculin et à l'abondance) et vous permettra de vous sentir en confiance pour entreprendre des projets !

Si votre thème manque de Bois, je vous conseillerai également d'aller faire des bains de forêt, qui sont extrêmement bénéfiques pour booster sa créativité et sa force vitale.

Tips Bois son

Le craquement !

Le Feu : passion et transformation

En période 9, dans laquelle nous nous trouvons, il est l'élément dominant et ce, pendant vingt ans.

Il est donc essentiel de l'optimiser et de comprendre ce qu'il peut apporter dans vos thèmes personnels et dans votre maison.

L'élément Feu, symbolisé par la couleur rouge, incarne l'énergie de Transformation, de la passion et de la vitalité. C'est une force dynamique et puissante, associée à la chaleur, à la lumière et à l'énergie créatrice.

Sa direction est celle du Sud, direction de la lumière et de la chaleur. Il représente le zénith de l'année, la saison de l'été. Son mouvement ascendant traduit sa quête de sublimation, son passage d'un état dense à un état plus subtil, à l'image des flammes qui s'élèvent vers le ciel. Associé à la renommée, à la reconnaissance et à la joie, son mouvement ascendant, vers le ciel, symbolise l'aspiration spirituelle.

En tant que principe actif et créateur, le Feu est à l'origine de toutes les transformations et de toutes les évolutions. Il représente la volonté, l'action et la capacité à se dépasser. Dans la nature, le Feu est présent dans le Soleil, la foudre et le volcan, symbolisant à la fois la création et la destruction.

Le Feu est le maître de la transformation. Il symbolise le passage d'un état à un autre, de la matière à l'esprit, du potentiel à la réalisation. Il est à l'origine de tous les cycles de vie, de la naissance à la mort et à la renaissance.

La vivacité dans le mouvement, tel un trublion, un feu follet joyeux et enfantin, caractérise cet élément.

Dans ma clientèle, j'accompagne des personnes mensuellement en mettant en perspective leur thème avec l'énergie du mois. Quand arrivent les mois de mai et juin (qui sont donc tous les deux liés à des animaux Feu), j'ai souvent des clients qui ont besoin de rebooster une énergie de joie, de spontanéité pour aller de l'avant.

C'est la « *Fire Therapy* » ! L'envie de changement, de mouvement, passe par des exercices que je propose pour redorer sa confiance en soi, dynamiser son corps physique, stimuler son discernement.

Une de mes amies a eu un coup de foudre pour un homme qui a deux Chevaux de Feu Yang. Ici, l'animal est doublé dans son énergie, c'est-à-dire que le Cheval a comme élément principal du Feu Yang et cette personne a aussi du Feu Yang dans les Troncs célestes (voir chapitre 3 pour calculer son thème). C'est une photographe très connue, son métier est donc symboliquement lié au Feu.

Elle manque de Feu dans son thème et a beaucoup de Terre : pour une mise en mouvement de sa Terre, elle a donc besoin de Feu. Sa carrière a connu un énorme succès, elle allait même parfois faire ses shootings en Concorde. Puis cette période s'est arrêtée et sa vie de famille s'est construite : la Terre a pris le dessus. Depuis deux ans, elle a dans son thème une nouvelle énergie Feu grâce à un nouveau pilier de chance[1]. Je lui avais dit que sa carrière allait reprendre, ce à quoi elle ne croyait pas vraiment… Et bingo, on lui a proposé un gros shooting qui, dans ma lecture astrologique, est le début d'une nouvelle carrière flamboyante, en accord total avec son métier.

Mais revenons à ce coup de foudre… Cet homme lui propose immédiatement de travailler avec elle, de l'emmener aux quatre coins du monde dès leur premier tête-à-tête. Puis, suite à un rendez-vous manqué, l'histoire se grippe comme une serrure que l'on n'arrive plus à ouvrir… Et il ne donne plus de nouvelles. Lorsque les choses ne se déroulent pas comme prévu, le Cheval et le Feu Yang ont une grande difficulté à s'adapter.

Mon amie, n'ayant pas de Feu dans son thème, était très attirée par cet homme. Ayant « récupéré » du Feu avec ce nouveau pilier de dix ans, non seulement sa carrière repart d'une manière inattendue (une des autres caractéristiques du Feu), mais elle n'a plus autant besoin de rencontrer quelqu'un avec un Feu aussi imposant.

Pour dynamiser l'énergie du Feu, j'adore la respiration kapalabhati, qui est la respiration du Feu à pratiquer le matin. Elle permet de purifier le corps, d'améliorer l'ensemble du système digestif et d'hyperoxygéner le corps, pour un décrassage de la tête aux pieds ! Après cette respiration, on sent son corps vraiment transformé et comme plus « éclairé » : notre capacité de réfléchir est plus rapide, vive, notre corps, plus enjoué ! N'étant pas professeur de yoga, je vous conseille bien sûr de vous renseigner sur les contre-indications (notamment cardiaques).

1. N.B. : les piliers de chance, qui sont des piliers de dix ans, se superposent à notre thème natal pour nous apporter une énergie supplémentaire avec un animal et un élément. C'est la raison pour laquelle nous traversons quelquefois de très bonnes périodes et puis d'autres moins… Ce pilier est un indicateur de la notion de temps en astrologie chinoise.

Quand on a un élément Feu dominant dans son thème, c'est la manifestation d'une personne qui ressent de fortes émotions et qui vit intensément. C'est l'énergie qui nous pousse à agir, à créer et à nous réaliser. Il y a également un certain magnétisme dans cet élément : on a envie de s'en approcher.

L'excitation est l'état auquel est lié le Feu : comme un enfant qui piétine d'impatience la veille de son anniversaire à l'approche des cadeaux ! Voilà l'énergie du Feu très enfantine et joyeuse.

En revanche, lorsque le Feu doit se séparer ou subit une séparation, il peut y avoir une grande souffrance : « j'ai le cœur brisé », le cœur étant l'organe lié au Feu.

En médecine traditionnelle chinoise, il est lié au cœur, au péricarde, au triple réchauffeur, considéré comme la sixième « entraille ».

Un Feu équilibré apporte joie, vitalité, courage et une bonne santé.

Cependant, un excès de Feu peut provoquer des troubles du sommeil, de l'irritabilité et des problèmes cardiaques. Et un déficit peut conduire à de l'inertie et à de l'inactivité, à un manque de confiance en soi, à de la méfiance.

Tips Feu Feng Shui

Pour stimuler l'énergie Feu dans un lieu, j'utilise des couleurs chaudes (comme le rouge, l'orange, le jaune, le rose), des formes pointues ou triangulaires, des bougies ou des cheminées.

Lors d'une de mes expertises, afin de dynamiser une entente dans une famille qui avait des difficultés à se réunir (parents et enfants vivaient chacun dans leur chambre…), j'ai conseillé de changer les rideaux du salon. Ils étaient d'une tonalité grise (couleur liée à l'élément Métal), ils les ont remplacés par des rideaux orange pastel.

Leur vie de famille a été transformée par ce changement dont personne ne voulait au départ… L'orange est lié à la joie et donc au Feu : le salon, qui symbolise le lieu de réunion de la famille où l'on partage, a été en quelque sorte « réveillé » par cette couleur ! Et chacun a gagné en spontanéité, en rires et les chambres ont repris leur fonctionnalité de repos, et non de refuge…

Tips Feu son

Bruyant !

La Terre : stabilité et ancrage

L'élément Terre, symbole de stabilité et de croissance, est le pivot autour duquel gravitent les quatre autres éléments. C'est lui qui crée le lien. Il représente la solidité, la fondation et la matière. La Terre est associée à la couleur jaune, à la direction du Centre et à l'automne. C'est l'élément de la patience, de la persévérance et de la loyauté.

En nous, la Terre se manifeste dans notre corps physique *via* notre besoin de sécurité et notre désir d'appartenance. Dans la nature, la Terre est représentée par les montagnes, les vallées et les plaines. Elle symbolise la fertilité. La Terre est le socle sur lequel tout est construit : elle représente la capacité à nourrir et à faire grandir.

C'est le point d'équilibre entre le ciel et la terre : il est aussi question de la notion de temps avec la Terre. Je prends mon temps, celui qui est juste et aligné pour mon équilibre afin de réfléchir, puis d'agir au bon moment.

La Terre a un esprit très protecteur et généreux : on se sent toujours en présence d'un « ami » à côté d'une personne qui a une Terre très présente dans son thème.

Le sens des responsabilités est également une dominante de l'énergie Terre : on ne donne pas sa parole à la légère et cette parole est honorée et respectée.

Cet élément est lié à notre corps physique et à notre besoin de sécurité, mais aussi à la solitude et à une certaine possessivité.

Dans mon thème, j'ai beaucoup de Terre, notamment avec mon Maître du Jour (MDJ, voir chapitre 3), le fameux Chien de Terre. L'énergie de la maison est très importante pour moi, c'est aussi pour cette raison que je me suis tournée vers le Feng Shui, ou plutôt que le Feng Shui s'est tourné vers moi ! J'aime recevoir dans mon cocon, ce qui est aussi une des caractéristiques de la Terre Yang : inviter, accueillir, prendre soin… Une véritable énergie de Chien !

La Terre préfère recevoir dans son *home sweet home* que d'aller dîner à l'extérieur… Ce qui n'est pas tout à fait mon cas, car j'ai également beaucoup de Métal et le Métal a une énergie opposée à celle de la Terre, à savoir : sortir !

J'ai eu une consultante qui a trois Chiens dans son thème. Pourriez-vous deviner quel est le métier de cette personne ? Eh bien, elle a une maison d'hôtes dans le Sud-Est ! La maison est son plus grand centre d'intérêt et elle est venue me voir afin que je l'accompagne à « sortir » de cette maison. Car, bien sûr, avoir une maison d'hôtes ne permet que très peu d'espaces disponibles pour soi… C'est l'empathie du Chien : je m'occupe du bonheur des autres avant le mien… Et c'était tout à fait le cas de cette cliente, qui passait son temps à accueillir, chouchouter, prendre soin de ses hôtes… mais pas d'elle-même…

Dans un premier temps, pour l'aider à changer sa vie qui devenait trop pesante, je lui ai suggéré de prendre du temps pour elle. Nous étions convenues qu'elle irait se faire masser une fois par semaine, en quelque sorte pour « détendre » sa Terre, s'assouplir.

Quand je conseille mes clients, je leur propose toujours plusieurs possibilités, que cela soit pour l'astrologie chinoise ou le Feng Shui. Il est très important de ne rien imposer, bien sûr, mais il est surtout primordial que le conseil résonne chez la personne, qu'il entre en cohérence avec son énergie.

Cette dame est donc allée se faire masser une fois par semaine pendant trois mois. C'était ma seule préconisation… pour commencer !

L'étude d'une carte énergétique est toujours très complexe, car il y a de nombreux paramètres à prendre en compte…

En médecine traditionnelle chinoise, la Terre est liée à la rate, à l'estomac, au pancréas, qui sont les organes responsables de la métabolisation, de la transformation des aliments en énergie vitale et qui permettent d'intégrer nos expériences de vie.

Elle les décompose, les intègre et élimine ce qui est inutile. Un excès d'humidité trouble cette fonction, transformant la Terre en un terrain propice aux ruminations, aux angoisses et aux pensées obsédantes, à un possible immobilisme.

Tips Terre Feng Shui

Le centre de la maison est l'endroit qui se veut le plus paisible, serein, de façon à distiller une énergie de calme dans tous les autres secteurs de la maison.

Si vous devez construire ou rénover votre lieu de vie, il est important de ne pas mettre d'Eau dans le centre de la maison, c'est-à-dire d'éviter d'y positionner les toilettes, ainsi que la salle de bains… L'Eau emportant la Terre, l'énergie de la santé peut être mise à mal.

Il y a quelques années, j'étais intervenue dans l'immeuble particulier d'une famille et au centre de celui-ci, il y avait un ascenseur… Un excès de Métal dans le « Cœur Céleste », comme on le nomme en Feng Shui. Le père de famille était atteint d'une grave dégénérescence des muscles, la maladie de Charcot… Ce fut un des cas les plus difficiles en Feng Shui que j'aie eu à résoudre : cette famille a déménagé dans un autre lieu et la maison a été détruite par des promoteurs.

Le Métal : positionner et donner du sens

L'élément Métal, symbolisé par la couleur blanche, représente la force, la concentration et la précision. Il est associé à l'automne, saison où la nature se dépouille et se prépare à l'hiver.

Son mouvement est centripète. Comme les feuilles qui tombent des arbres, tout se rétracte, se condense, se retire du visible pour se plonger dans l'invisible. C'est un temps d'introspection, une période de réflexion profonde après la récolte de l'été (élément Terre).

L'automne du Métal nous invite à faire le tri, à examiner ce qui nous nourrit et ce qui nous encombre. De quoi allons-nous nous délester ? Que voulons-nous conserver ? Ce mouvement, parfois difficile, implique un deuil, une séparation symbolique avec le superflu. Le Métal nous confronte à notre capacité de discernement, à notre sens de la juste limite, à notre droiture et à notre ouverture d'esprit. Il nous encourage au lâcher-prise, à la disponibilité et à la loyauté. C'est un mouvement centré sur soi, mais qui vise à une ouverture plus profonde à l'humanité. C'est pourquoi le Métal n'aime pas la sécheresse, car elle empêche l'échange et la connexion.

Le Métal est l'élément de la cristallisation et de la perfection. Il est aussi lié à la solidité, à la rigueur et à la discipline. Il symbolise la durabilité, la résistance et l'intemporalité.

Dans ma clientèle, j'ai beaucoup de personnes avec du Métal dominant qui sont dans le domaine juridique (avocat), médical ou de la psychanalyse.

J'ai un client qui est un chirurgien-dentiste très réputé : son métier est le reflet parfait de sa structure astrologique, à savoir qu'il a du Coq de Métal Yin dans le MDJ, ce pilier représentant entre autres choses notre personnalité.

Ce métier est une vraie vocation pour lui depuis qu'il est petit : le Métal est aussi l'élément de l'ambition et de la réussite, associées à une grande détermination. La présence marquée de l'élément Métal dans un thème astral suggère souvent une difficulté à relâcher la pression et à lâcher prise.

Cet homme est venu me voir, car il ne trouvait plus de sens dans son métier. C'est la pire chose qui puisse arriver à un MDJ Métal : perdre le sens de ce qu'il fait.

Doté d'un esprit d'analyse poussé à son extrême, il avait réfléchi à de nombreuses possibilités, mais dans un certain cadre... Eh oui, le Coq de Métal peut manquer d'ouverture d'esprit et ne se concentrer que sur les détails qui l'enferment et ne peuvent pas lui apporter les lumières du changement.

Je lui ai conseillé après une séance de s'ouvrir à de nouveaux matériaux bio dynamisés, tels que la chaux dynamisée[1], l'argile ou la terre cuite crue informée[2], le bois énergétiquement harmonisé[3] et les peintures naturelles informées[4], et il est devenu un des spécialistes de ces nouveaux matériaux.

L'élément Métal est essentiel pour l'équilibre et l'harmonie. Il nous apporte la force nécessaire pour poursuivre nos objectifs, la structure pour organiser nos pensées et la précision pour réaliser nos projets.

Le Métal est souvent associé à la froideur et à la rigidité, mais possède également une dimension émotionnelle profonde et complexe. S'il représente la structure, la discipline et la maîtrise

1. Utilisée en enduit ou peinture, dynamisée par vortex, intentions ou pierres vibratoires.
2. Exposée à des champs énergétiques (sons, formes, ondes de forme) pour améliorer son interaction avec l'environnement.
3. Bois coupé en lune descendante, orienté selon les flux énergétiques, parfois informé par apposition de symboles sacrés (fleurs de vie, ondes de forme).
4. Peintures à base de pigments végétaux ou minéraux dynamisées par intention, musique, formes géométriques.

de soi, il est également lié à des émotions intenses et à une sensibilité cachée. Il apporte une capacité à gérer ses émotions de manière rationnelle et constructive. Il favorise la maîtrise de soi, la patience et la capacité à analyser les situations avec calme et recul.

Un excès d'énergie Métal peut se manifester par de la rigidité émotionnelle, un manque d'empathie et une difficulté à exprimer ses sentiments. À l'inverse, un manque de Métal peut entraîner une instabilité émotionnelle, une hypersensibilité et une tendance à se laisser submerger par ses émotions. Et la personne peut s'enfermer dans un mutisme émotionnel (« je vais bien, tout va bien ») alors qu'à l'intérieur, c'est un tsunami émotionnel qu'elle vit…

Je sais bien de quoi je parle, car avec mon Métal tonitruant (j'ai les deux animaux Métal dans mon thème, le Singe et le Coq), l'expression a toujours été un vrai défi : mon point sensible à transformer pour gagner en paix et me sentir entendue.

Dans le domaine professionnel, je n'ai jamais vraiment eu de souci à faire entendre ma voix. Dans mon ancien métier d'agent, ma parole avait un certain poids et les directeurs de casting, producteurs et dirigeants de chaîne me faisaient confiance.

Ils savaient que lorsque je leur proposais un comédien pour un rôle, je l'aurais coaché en amont afin qu'il sache parfaitement son texte, qu'il se présenterait à l'heure au rendez-vous et qu'il arriverait dans une tenue vestimentaire en parfaite adéquation avec le rôle. Je représentais une vingtaine d'artistes et je peux vous dire que tout le monde travaillait et était payé à sa juste valeur.

Une rémunération juste permet de se sentir considéré à sa juste valeur : le Métal (comme tous les autres éléments, mais un peu plus pour lui !) a un besoin intrinsèque de cette valorisation.

S'agissant de ma parole émotionnelle dans la vie privée, alors là, on se situe sur un autre registre ! M'exprimer a longtemps été pour moi synonyme d'abandon, ou pire, de peur de décevoir ou de rendre l'autre triste.

Je n'osais pas formuler ma tristesse ni pleurer, encore moins me mettre en colère, lorsque j'étais petite.

Avec un thème à dominante Terre/Métal, j'étais petite, discrète et empathique au maximum. Je ne souhaitais en aucun cas blesser mes parents qui l'avaient suffisamment été après la perte de leur premier enfant. Alors tout allait toujours bien pour moi, en tous cas en apparence… Je les faisais rire, j'étais gentille, je travaillais très bien à l'école, mais au fond de mon cœur, j'étais triste, très triste, de ne pouvoir m'exprimer.

Mes parents étaient des parents extraordinaires, aimants, prévoyants, attentionnés, toujours à mon écoute, mais ils ne pouvaient pas deviner que je m'étais fabriqué une sorte de masque de « Nathalie qui va toujours bien ».

Avec l'astrologie chinoise et la compréhension de mon mode de fonctionnement, j'ai pu travailler pour modifier ce schéma.

J'ai introduit du Feu dans ma vie pour brûler mon excès de Métal (et donc de tristesse…) : la danse, le lien avec les amis, les dîners chez moi qui finissent deux jours plus tard, une maison ultra lumineuse… Bien sûr, il m'a fallu un peu de temps pour réunir cet ensemble bénéfique et bienveillant !

Le mouvement et les voyages me permettent de diminuer mon excès de Terre : le mouvement physique est vraiment le bienvenu pour que je ne rumine pas.

L'énergie du Feu extérieur était très présente dans mon ancien métier : les paillettes, les stars, les festivals… Cependant, il manquait le Feu intérieur inhérent à mon Serpent : la profondeur et l'énergie pour accompagner les personnes dans la transformation.

Il me fallait trouver un nouveau sens dans mon activité.

Le Serpent est le grand alchimiste, celui qui transforme le plomb en or : mon métier actuel me permet d'accompagner les personnes qui me font confiance dans leur processus de changement.

Ma parole et l'expression de mes émotions sont aujourd'hui beaucoup plus fluides : je dis quand je suis triste, en colère ou heureuse !

N'oubliez pas une chose : lorsque l'on modifie une habitude, que l'on se sépare de quelque chose qui nous handicapait ou que l'on introduit une nouveauté dans notre façon de vivre, alors une nouvelle énergie se met en place et on peut progressivement avancer vers une transformation en adéquation avec notre être profond.

L'astrologie chinoise et le Feng Shui sont pour moi ces outils de guérison des âmes pour que chacun puisse trouver son chemin d'épanouissement. Ils sont des moyens de compréhension, un code à déchiffrer pour ensuite trouver les moyens les plus adaptés pour enclencher le changement.

En médecine traditionnelle chinoise, le Métal est associé aux poumons et au gros intestin. Les poumons gouvernent la respiration et les échanges gazeux, tandis que le gros intestin assure l'absorption des nutriments et l'élimination des déchets. Le Métal est également lié à la peau et à ses pores, aux cheveux et aux dents.

La tristesse peut être profonde lorsque l'énergie du Métal est trop présente dans un thème.

Pour trouver un équilibre émotionnel avec l'élément Métal, il est important de cultiver la compassion et l'ouverture d'esprit. Il est également essentiel de s'accorder des moments de détente et d'exprimer ses émotions de manière saine et constructive.

Tips Métal Feng Shui

En Feng Shui, pour renforcer l'énergie Métal et dynamiser le secteur de la carrière professionnelle, vous pouvez utiliser des couleurs blanches, noires, des nuances de gris.

Le fils d'une amie m'a surnommée « Docteur Paillettes » : il m'a dit que je guérissais les maisons en mettant des paillettes !

Effectivement, j'adore conseiller des paillettes pour booster l'énergie du Métal, que cela soit dans un lieu ou pour soi. Les paillettes reflètent la lumière et il y a toujours un mouvement qui va se créer. Comme on ne peut pas toujours porter des chaussettes à paillettes, essayez de trouver un porte-bonheur pailleté à mettre chez vous.

J'ai conseillé à un ami une lunette de toilettes pailletée, car il était en pleine rupture sentimentale et il avait besoin de redynamiser cet aspect de sa vie. Il a joué le jeu et un nouvel amour est entré dans sa vie ! Aujourd'hui, une boule à facettes a remplacé la lunette pailletée dans ses toilettes : *time is changing*, rien n'est figé ! Il a conservé l'énergie du Métal, mais différemment, pour le plus grand bonheur de sa fille adolescente qui est la seule à avoir un papa avec un salon pailleté !

La musique étant liée au Métal, je conseille également à mes clients qui ont une fragilité « métallique » d'écouter le plus souvent de la musique dans leur maison.

Les sons en biomusique sont aussi extrêmement intéressants, car ce sont des fréquences qui agissent directement sur nos états émotionnels afin de les réguler.

Les fréquences 174, 285, 396, 417, 528, 639, 741, 852 et 963 Hz sont utilisées pour rééquilibrer de nombreuses résonances sur les différents plans de l'être. Elles permettent de faciliter le changement, de développer l'intuition, de se libérer des peurs et des culpabilités, mais aussi des schémas répétitifs.

Certaines fréquences entendues et filtrées vont venir rétablir un état stable chez une personne (travaux de Tomatis, Bérard, holopsonie, méthode Hipérion). J'ai envoyé de nombreux acteurs qui devaient apprendre une langue en un temps record pour un rôle à l'institut Tomatis et à chaque fois, j'ai été bluffée par le résultat ! Ces fréquences sont aussi employées pour les personnes en état de démence ou qui ont des troubles autistiques.

Je donne des stages sur des sujets diversifiés, comme développer son intuition, booster son leadership, se libérer de ses peurs ancestrales… et pour tous ces stages, je produis des sons intuitifs. Gongs, carillons, bâton de pluie, bols chantants, tambours de l'océan me permettent d'accompagner mes méditations guidées et de déverrouiller certains blocages avec les sons.

Tips Métal son

Grinçant !

L'Eau : ressenti et intuition

L'Eau, symbole de vie et de pureté, est l'élément omniprésent et essentiel à toute existence. Associée à la couleur bleue, à la Lune et à l'hiver, elle représente la fluidité, l'adaptabilité, l'intuition et l'inconscient. L'Eau est la source de vie qui apaise les âmes. Elle symbolise les émotions, les sentiments et le monde intérieur. Mais elle est également le lieu où tout peut naître, par un germe, une intention, une volonté.

Elle permet de laisser partir, laisser aller ce qui n'a plus sa raison d'être dans notre vie… Est-ce facile pour vous de laisser aller ? De vous laisser aller ? Répondre à cette question peut vous donner une indication sur la façon dont circule l'énergie de l'Eau dans votre thème.

Un excès peut se manifester par des débordements émotionnels, une hypersensibilité et une tendance à se laisser submerger par ses sentiments, mais également par un excès de mysticisme.

À l'inverse, un manque d'Eau peut entraîner une rigidité mentale, une difficulté à exprimer ses émotions et un sentiment de déconnexion.

L'élément Eau nous offre la fluidité nécessaire pour nous adapter aux changements de la vie, la profondeur pour explorer les richesses de notre monde intérieur et la capacité à nous connecter à nos émotions.

J'aime beaucoup travailler avec les personnes ayant un MDJ Eau Yang qui me consultent : avec eux, tout est possible, il n'y a aucune limite, rien ne leur fait peur et ils embarquent tout le monde avec eux !

En même temps, une vraie profondeur et intensité les habitent.

J'ai une consultante qui a beaucoup d'Eau dans son thème, car elle a les deux animaux liés à l'Eau que sont le Cochon et le Rat. Son énergie est hautement spirituelle et elle a une intuition incroyable ! Elle m'a consultée la première fois, car elle était remplie de peurs de toutes sortes sauf… la peur de la mort.

L'élément Eau nous rattache à l'infini et à l'immensité du cosmos. Sa fluidité sans frontières nous invite à transcender les limites de notre ego et à nous percevoir comme des parties intégrantes d'un tout plus vaste. C'est à travers l'Eau que nous pouvons puiser dans la sagesse universelle, nous connecter à notre intuition et recevoir des inspirations qui guident notre cheminement spirituel. La mort est une phase, une continuité et non une fin.

Cette cliente n'a donc pas peur de la mort, mais elle a peur de grossir, de sortir toute seule le soir, de ne pas avoir assez d'argent pour subvenir à ses besoins et à ceux de sa fille…

Toutes ces peurs sont liées au premier chakra, qui est la source de notre énergie vitale : sans une sorte de « prise de terre », une connexion à notre enracinement, on a peur. Ses peurs sont liées sur l'échelle de la pyramide de Maslow aux besoins physiologiques et aux besoins de sécurité : manger, dormir, s'habiller, avoir un logement, gagner suffisamment d'argent pour vivre.

On ne peut pas rétablir un équilibre énergétique sans commencer par travailler le premier chakra, et donc le lien à l'élément Terre.

Grâce à cette Eau en abondance dans son thème, cette consultante fait des rêves prémonitoires, elle sait où se garer quand personne ne trouve de place… Elle a une société de stratégie en communication pour accompagner les dirigeants d'entreprise. Le Rat est le roi de la comm' ! Son entreprise est florissante, elle adore son travail et a une belle reconnaissance médiatique.

Mais elle a peur. Ses peurs sont l'ombre de l'énergie du Rat (voir chapitre 3 Les douze signes astrologiques). Elles sont également la conséquence d'un manque de Terre dans son thème qui n'existe que dans un Tronc céleste, donc de manière superficielle.

Pour augmenter cet élément Terre et que ses peurs infondées s'apaisent, je lui ai conseillé de marcher le plus possible pieds nus chez elle. Elle détestait marcher pieds nus et avait toujours de très hauts talons. La première fois qu'elle m'a consultée, je l'ai perçue comme mesurant 1 m 70. En fait, ses talons devaient atteindre les douze centimètres…

Elle m'a expliqué que d'avoir des talons si hauts lui donnait plus confiance en elle et que lorsqu'elle n'en portait pas, ses angoisses augmentaient. Je lui ai « appris » à remarcher en conscience avec ses pieds, à réintégrer cette partie de son corps qu'elle maltraitait. Ses chaussures ne découvraient jamais ses orteils.

Je lui ai conseillé de faire de la réflexologie plantaire et de masser quotidiennement ses pieds. Au début, c'était une véritable épreuve pour elle, elle s'y refusait. Progressivement, elle a commencé à se réapproprier cette partie de son corps. Et ses peurs se sont amenuisées.

Une de mes amies est réflexologue holistique. Elle « lit » en quelque sorte dans nos pieds les chocs, les traumas, les énergies bloquées. Nos pieds sont une cartographie de tous nos organes, et donc également de nos émotions. Avec une lecture approfondie des points de sensibilité de la voûte plantaire, la réflexologie permet de refaire circuler une énergie bloquée et donc de libérer les traumas.

Sachant que les organes sont liés à des points sur les pieds, j'ai proposé à cette cliente un protocole simple à appliquer quotidiennement. Trois mois après les séances de réflexologie plantaire et mon protocole, ses peurs se sont estompées de façon significative.

Cette cliente m'a consultée en 2023. Aujourd'hui, elle porte ses talons hauts pour le plaisir et non par obligation. Son ancrage à la Terre se renforce quotidiennement et nous faisons des pratiques énergétiques liées à la respiration et au premier chakra.

En médecine traditionnelle chinoise, l'Eau est liée aux reins, à la vessie, mais également à l'oreille interne. Elle compose environ 60 % de notre poids et est présente dans toutes nos cellules. Elle joue un rôle crucial dans de nombreuses fonctions vitales, telles que la circulation sanguine, la régulation de la température corporelle.

J'ai un consultant qui avait de très importants vertiges. Étant psychanalyste et intervenant dans plusieurs hôpitaux, il avait fait de nombreux examens médicaux et rien de pertinent n'avait été trouvé. J'ai analysé son thème et son élément le plus faible était l'Eau. Qui plus est, son élément le plus fort était la Terre (presque 70 % de Terre).

Ses vertiges ont commencé en 2021, qui était une année Buffle de Métal Yin. Le Buffle étant un des quatre animaux de la Terre, l'énergie universelle renforçait encore plus son élément dominant. Son énergie était en quelque sorte immobilisée, comme statufiée. Et dès qu'il voulait bouger, les vertiges augmentaient…

À l'époque, il habitait avec sa femme dans une maison divisée en trois et leur habitation était au centre. Comme je l'écrivais pour l'élément Terre, le cœur central d'une maison en Feng Shui est lié à la Terre : leur habitation aussi était enlisée…

C'était très délicat pour eux de déménager à ce moment-là. J'avais conseillé à mon client d'aller se baigner un maximum et d'être dans une Eau plutôt Yin que Yang, à savoir des eaux thermales ou des lacs. Il allait se promener quotidiennement au bord du Bassin d'Arcachon. Il se faisait aussi masser le plus souvent possible pour adoucir sa structure Terre.

Ses vertiges s'estompaient un peu, mais ils ont totalement disparu quand sa femme et lui ont déménagé et changé de région pour s'installer dans une ville d'eau thermale ! Ils ont déménagé en 2023, année du Lièvre d'Eau Yin. Cette année-là lui a donné un coup de pouce avec le Lièvre, son élément principal le Bois (dans le cycle des cinq éléments, le Bois contrôle la Terre) et l'Eau Yin, qui permet l'assouplissement d'un excès de Terre.

Tous les dimanches, il entretient son élément Eau en allant faire des soins à cinq minutes à pied de leur nouvelle maison. La marche est aussi un formidable remède pour mettre en mouvement la Terre.

Psychanalyste indépendant ayant sa patientèle à Bordeaux, il s'est demandé comment il allait développer une nouvelle patientèle et dans quel endroit… Le jardin de leur maison possède un appartement indépendant qu'il a transformé en cabinet pour recevoir. Le bouche-à-oreille a fait son œuvre et désormais son agenda est plein.

Le changement de lieu a été le plus important des remèdes pour accéder à l'énergie de l'élément Eau et tempérer son thème.

Tips Eau Feng Shui

En Feng Shui, l'Eau est l'élément le plus compliqué à appréhender.

Les formules de l'Eau, dont le Dragon d'Eau, ne sont connues que par très peu d'initiés, car elles sont extrêmement complexes.

Implanter un point d'eau à l'extérieur d'une maison demande du temps et un savoir-faire optimum.

Je suis allée faire une expertise en Thaïlande pour l'achat d'une maison par une de mes clientes. J'ai passé presque deux jours à calculer si la piscine existante, très grande, était propice à l'accueil de l'énergie environnante… ce qui était le cas !

Il m'est déjà arrivé une fois de venir expertiser un lieu d'habitation avec une piscine et de la faire reboucher pour en construire une autre… C'est une charge importante, il est donc crucial d'effectuer les bons calculs.

L'accès à l'eau est un privilège, une richesse qui permet à ceux qui vivent à son contact d'avoir une santé resplendissante, de la réussite dans leurs relations et une belle prospérité : un vrai sésame pour le bonheur !

Les régions les plus prospères sont souvent celles qui longent la mer ou les lacs.

L'idée de contrôler l'eau pour maîtriser la prospérité, la notoriété et le succès est une illusion. L'Eau, comme les autres forces de la nature, est indomptable et ne peut être soumise à la volonté des hommes. Avec le Feng Shui, il ne s'agit pas de contrôler les éléments de la Nature, mais de se positionner harmonieusement par rapport à eux. En choisissant un lieu de vie ou d'activité favorable et en orientant judicieusement les habitations et les lieux professionnels, le Feng Shui cherche à créer un environnement propice à la circulation positive de l'énergie vitale.

Si vous souhaitez implanter un point d'eau, que cela soit une piscine, un bassin, une fontaine, il est très important de ne pas l'implanter à l'importe quel endroit de votre jardin !

En outre, certains calculs ont changé avec l'arrivée du Feu et de la période 9 depuis février 2024. Je vous conseille de faire vérifier vos points d'eau par un Maître Feng Shui compétent en positionnement de l'Eau si vous voyez que certains aspects dans votre vie se modifient dans un sens défavorable depuis 2024.

Tips Eau son

La succion.

Nous avons tous une structure énergétique avec un élément dominant et un élément fragile : du Métal en abondance, un Bois fragilisé ou encore une Eau débordante.

Connaître cette structure énergétique nous permet de déchiffrer notre ossature et de commencer à modifier des éléments de notre vie.

Bilan énergétique

Reprenez le tableau de votre thème BaZi.

	HEURE	JOUR	MOIS	ANNÉE
TRONCS CÉLESTES				
BRANCHES TERRESTRES				
TRONCS CACHÉS				

Et celui de votre maison.

	COULEURS	MOTIFS ET FORMES	MATIÈRES	LUMIÈRES
ENTRÉE				
SALON				
SALLE À MANGER				
CUISINE				

	COULEURS	MOTIFS ET FORMES	MATIÈRES	LUMIÈRES
CHAMBRE PARENTS				
CHAMBRE ENFANTS				
SALLE DE BAINS/ WC				

Notez quel est votre Maître du Jour (exemple : Bois Yang, Métal Yin…) trouvé en page 62 ou 68 du livre.

Vous pouvez prendre un crayon de couleur bleu pour colorier les éléments, les animaux et les pièces Yin de votre maison.

Puis coloriez avec du rouge les éléments, animaux et pièces Yang de votre maison.

Notez ensuite l'élément manquant ou ceux que vous avez le moins dans votre thème, puis dans votre maison.

Faites la même chose avec l'élément majoritaire de votre thème et dans votre maison.

Harmonisez avec les tips astrologie chinoise du chapitre 3.

Harmonisez avec les tips Feng Shui de chaque élément (chapitre 5) pour rééquilibrer les éléments dans votre lieu de vie.

En vous immergeant dans les profondeurs de l'astrologie chinoise et du Feng Shui, vous avez ouvert la porte à un monde de possibilités infinies. Que ce voyage vous guide vers une vie plus harmonieuse et épanouie !

Avec cet ouvrage, je vous ai donné des clés pour décrypter votre carte du ciel et aménager votre espace de vie en accord avec les énergies universelles.

Cette exploration n'est qu'un début. Continuez votre cheminement, expérimentez et laissez ces pratiques ancestrales vous guider vers votre plein potentiel : à vous de jouer maintenant !

Conclusion

L'astrologie chinoise et le Feng Shui font maintenant partie intégrante de ma vie depuis de nombreuses années. Lorsque j'ai compris et expérimenté que l'énergie n'était pas seulement un mot à la mode, mais qu'elle est la manifestation de l'invisible dans le visible – le souffle du Qi, ma vie a été transformée…

Quand certaines personnes me disent qu'elles « ne croient pas en l'énergie », je leur demande toujours : « Y a-t-il des matins où tu te réveilles en forme et d'autres où tu es fatigué ? » Personne ne m'a encore jamais répondu « non » à cette question ! C'est ça, l'énergie : la force en action (ou parfois en inaction !).

Le mot « énergie » vient du Grec ancien *enérgeia*, qui signifie « la force en action ». C'est Aristote qui a développé ce concept scientifique.

L'étude de notre Qi intérieur grâce aux BaZi, avec la mise en cohérence de notre énergie dans les lieux de vie que nous occupons, est une réelle démarche d'harmonisation consciente de notre être et de notre bien-être.

Merci à la Chance du Ciel de m'avoir donné ce zoo astrologique bien agité, merci à la Chance de la Terre et à la rue Guisarde d'avoir chamboulé mon socle de vie et merci à la Chance de l'Humain de me donner au quotidien la lumière et la vérité pour avancer.

Vous êtes né avec un potentiel.
Vous êtes né avec bonté et confiance.
Vous êtes né avec des idéaux et des rêves.

Vous êtes né avec grandeur.
Vous êtes né avec des ailes.
Vous n'êtes pas fait pour ramper, alors ne le faites pas.
Vous avez des ailes.
Apprenez à les utiliser.

Rûmi

Remerciements

Et un si grand merci…

À mon PèreVeilleux Papa qui m'a permis d'être libre et d'aller au bout de mes rêves et à ma MèreVeilleuse Maman qui m'a donné la douceur de son âme et sa plume.

À Étienne pour m'avoir poussée à me dépasser à chaque instant.

À Moune pour sa transmission – grâce à elle je suis devenue Nathange.

À Karine (et *Le Mag qui fait du bien* !) sans laquelle ce livre n'aurait pas pu voir le jour.

À Caroline pour ses précieux conseils de relecture.

À Claudia et Cathy pour avoir cru en moi.

Et à tous mes consultants pour leur confiance sans cesse réitérée, leur bienveillance et leurs transformations depuis toutes ces années.

Témoignages

Sylvie

Outre le Feng Shui, Nathalie Calvet pratique aussi l'astrologie chinoise, ce que j'ignorais lorsque j'ai pris rendez-vous avec elle. Mais j'ignorais beaucoup de choses. Je ne connaissais rien au Feng Shui non plus. Tout en étant intimement convaincue du bien-fondé de ses principes, à chaque fois que j'ai ouvert un livre sur le sujet, il m'est tombé des mains. Les (trop) nombreux conseils prodigués ne me parlaient pas, me laissaient à l'extérieur. Un comble pour cet art d'habiter son intérieur. Tout cela pour dire que son analyse de mon profil astrologique a été une parfaite entrée en matière pour m'introduire au Feng Shui en douceur. D'autant que, je ne l'ai pas encore dit, Nathalie est une personne fine et profonde, avec qui on se sent tout de suite à l'aise.

Tout en me confortant dans ma décision de déménager, elle a insisté sur l'importance pour la suite (mon installation dans mon prochain lieu de vie) que la séparation d'avec mon appartement actuel se passe bien. Ça, ça me parlait, car j'y étais très attachée. Cela m'a motivée à suivre ses conseils, même si la néophyte que j'étais n'en saisissait pas forcément toute la raison d'être. J'ajoute que Nathalie, tout en restant ferme sur ce qu'elle considère comme important, a essayé de composer avec mes goûts et mes contraintes. Vous vous sentirez toujours chez vous après son passage.

Toujours est-il qu'une dizaine de jours après notre entrevue, on m'a proposé une offre au prix qu'elle avait fixé pour mon appartement. Je ne peux pas garantir que c'est 100 % grâce au Feng Shui, mais disons que faire appel à Nathalie a été une manière de mettre toutes les chances de mon côté et, dans un moment aussi déstabilisant qu'un déménagement, de me donner confiance.

Important : j'ai retranscrit l'enregistrement de notre rencontre. Plus de trois heures d'entretien, c'était fastidieux, mais ça vaut le coup, car cela permet d'y revenir aussi souvent qu'on en a besoin et de découvrir à la relecture des points qu'on avait oubliés.

Quant à mon futur appartement, je l'ai trouvé, mais les travaux n'ont pas encore commencé. À suivre : le récit de mon installation dans le prochain livre de Nathalie…

Isabelle

Lorsque j'ai rencontré Nathalie, ma famille et moi vivions depuis plusieurs années des épisodes très difficiles, tant sur le plan de la santé, financier que familial. Nous étions comme pris dans une spirale infernale.

Nathalie a réalisé un travail remarquable sur ma maison. Elle est à l'écoute et d'une grande disponibilité.

Son expertise Feng Shui s'est révélée d'une clarté et d'une évidence implacables. Cela m'a fait comprendre les raisons de nos difficultés. J'ai commencé à appliquer ses conseils de changements et d'aménagements. En quelques jours, les choses ont évolué et se sont transformées très positivement. Les blocages se dénouent peu à peu, point. La sérénité et l'apaisement règnent à nouveau chez nous. Tout évolue autour de nous, progressivement, comme par enchantement. Nathalie est un médecin de l'habitat, mais aussi du corps et de l'âme de ses clients. Elle fait preuve d'un grand professionnalisme, c'est une technicienne des énergies, très puissante. Merci du fond du cœur, Nathalie.

Béatrice

Depuis quelques années, je me débattais dans ma vie professionnelle et rien de significatif ne se passait.

Nathalie est venue à la maison et le diagnostic est tombé : j'avais condamné un couloir pour en faire un dressing. Ce couloir était placé dans le secteur de vie « prospérité, richesse et abondance ».

En une semaine, le couloir a été « ouvert » et le Feng Shui a fait son œuvre : la propriétaire a accepté de refaire tout l'appartement, depuis les placards jusqu'à la salle de bains, de l'électricité dans toute la maison à la cuisine en passant par la peinture. Le résultat est bien au-delà de mes espérances.

Aujourd'hui, j'ai une maison qui vit, les membres de ma famille revivent et une jolie proposition de travail arrive…

Frédérique Veysset, photographe et autrice

Passionnée d'astrologie occidentale, j'ai découvert l'astrologie chinoise grâce à Nathalie. J'ai tout de suite été fascinée par la façon dont les énergies que nous véhiculons, que nous possédons, imprègnent nos comportements, nos ressentis, nos états d'âme.

Tout à coup, l'attirance ou le rejet que nous avons de certaines situations, de certaines personnes, m'ont paru évident. Nous recherchons l'amour ou l'amitié de telle personne parce qu'elle vient compléter, remplir ou apaiser notre thème ! Les éléments, les animaux présents dans son thème forment un puzzle cohérent avec le nôtre, à un moment précis de notre vie. C'est mystérieux et pourtant d'une cohérence implacable. L'astrologie chinoise est aussi un merveilleux outil pour se comprendre, se connaître, et surtout, elle explique de façon très logique notre chemin de vie, nos rencontres, nos choix et nos échecs. Nathalie met en lumière et interprète de façon poétique la connexion invisible qui nous relie aux autres et au monde.

Caroline

Ma première séance d'astrologie chinoise avec Nathalie était en 2021. Cela fait quatre ans que Nathalie m'accompagne. Le Tigre de Bois que je suis a compris ses faiblesses et ses forces, l'astrologie m'a guidée, tant sur le plan professionnel que personnel, et tout ça parce que j'ai eu l'immense chance de rencontrer Nathalie. J'ai eu une réelle prise de conscience grâce à l'astrologie chinoise. J'ai pu développer mon potentiel et dépasser mes limites. C'est un outil incroyable pour apprendre à se connaître. Merci, Nathalie, de m'avoir fait découvrir tous ces animaux incroyables qui ont le pouvoir de nous rendre heureux.

Virginie F.

J'ai fait appel aux services de Nathalie Calvet dans l'espoir d'améliorer mon environnement et, par conséquent, ma vie en général. Dès que j'ai commencé à appliquer ses recommandations, j'ai remarqué des changements positifs.

Le Feng Shui a eu un impact direct sur mon sommeil, que je trouve maintenant plus réparateur, mais c'est surtout au niveau professionnel que j'ai constaté les plus grands bénéfices. En réorganisant certaines choses à la maison selon les principes du Feng Shui, j'ai observé une croissance notable de mon entreprise. Les flux de travail se sont optimisés, les relations avec mes clients se sont renforcées, et de nouvelles opportunités se sont présentées.

Cette nouvelle disposition a clairement contribué à cette expansion, en créant un environnement plus propice à la réussite et à l'abondance.

Virginie M.

Nathalie allie avec finesse et sensibilité la discipline Feng Shui avec la personnalité de son client. Il est important de passer du temps avec elle, car sa perception aiguë se conjugue aux préceptes qu'elle pratique depuis douze ans. En outre, son intuition très élevée ajoute une dimension supplémentaire à son travail. Magnifique expérience et magnifiques résultats.

Lexique

Astrologie BaZi : Système chinois fondé sur les quatre piliers de la destinée et sur la date et l'heure de naissance. Il révèle le profil énergétique d'une personne.

Bagua : Carte énergétique divisée en huit secteurs représentant différents domaines de vie. Elle est superposée sur le plan d'un lieu pour le diagnostic Feng Shui.

BaZi : Voir Astrologie BaZi.

Bois : Élément lié à la croissance, à la créativité, à la colère. Associé au printemps, au foie, à la couleur verte.

Ciel antérieur/Ciel postérieur : Représentent respectivement l'héritage karmique (avant la naissance) et l'action personnelle (après la naissance).

Chiffre Gua/Ming Gua : Chiffre personnel déterminé selon l'année de naissance, indiquant les orientations favorables ou défavorables.

Cycle de production/contrôle des cinq éléments : Modèles circulaires décrivant comment les éléments s'alimentent ou se contrôlent entre eux.

Dragon d'Eau : Symbole mythologique représentant la transmission, le mouvement ancestral de l'énergie fluide.

Élément : Un des cinq principes fondamentaux (Bois, Feu, Terre, Métal, Eau) gouvernant l'énergie du corps, des lieux et des cycles.

Énergie (Qi) : Souffle vital circulant dans les corps, les lieux, les relations. Le Feng Shui et le BaZi visent à en équilibrer la circulation.

Étoiles volantes : Énergies mobiles temporelles analysées dans certains courants de Feng Shui (San Yuan).

Feu : Élément lié à la joie, à la lumière, à la passion. Associé à l'été, au cœur et à la couleur rouge.

Feng Shui : Art chinois visant à harmoniser l'espace pour favoriser le bien-être, la prospérité, la santé et l'alignement personnel.

Kan Yu : Ancien nom du Feng Shui : science d'observation du Ciel et de la Terre.

Luo Pan : Boussole traditionnelle chinoise utilisée pour déterminer les orientations précises dans une analyse Feng Shui.

Maître du Jour (MDJ) : Élément principal du pilier du jour dans un thème BaZi. Il symbolise la personnalité profonde.

Métal : Élément lié à la rigueur, à l'automne, à la tristesse, aux poumons, à la structure. Associé à la couleur blanche ou grise.

Ming : La destinée fondamentale inscrite à la naissance dans le thème BaZi.

Ming Gua : Voir Chiffre Gua.

Montagne/Eau : Principes de base du Feng Shui : la montagne protège (Yin), l'eau active et nourrit (Yang).

Nettoyage énergétique : Rituel de purification visant à libérer les énergies stagnantes d'un lieu ou d'une personne.

Objet remède : Élément matériel placé dans un lieu pour rétablir l'équilibre énergétique : plante, forme, métal, etc.

Pilier vide : Position astrologique sans soutien énergétique, porteuse de vide ou de défi.

Plantes Feng Shui : Plantes utilisées pour activer ou purifier l'énergie d'un secteur d'un lieu.

Qi : Se prononce « tchi ». Voir Énergie.

Rituel de coupure énergétique : Rituel visant à rompre un lien toxique ou terminé (relation, projet, mémoire).

San Yuan : École Feng Shui fondée sur les cycles temporels, spatiaux et personnels.

Secteur/Palais : Zone d'un espace liée à un domaine de vie (carrière, amour, santé, etc.), analysée dans le Bagua.

Secteur de la richesse : Zone Feng Shui liée à l'abondance, généralement au Sud-Est.

Tai Ji : Symbole du Yin/Yang en mouvement, représentant l'unité et la transformation perpétuelle.

Tao : Voie naturelle de l'Univers, flux fondateur de l'harmonie selon la philosophie chinoise.

Terre : Élément lié à la stabilité, à la digestion, à l'intersaison, à la couleur jaune ou ocre.

Trinité cosmique : Triptyque Ciel–Humain–Terre : destinée, libre arbitre, environnement.

Troncs célestes : Dix énergies issues des cinq éléments Yin/Yang, utilisées pour former les piliers du BaZi.

Troncs cachés : Éléments dissimulés dans chaque animal du zodiaque chinois, influençant les dynamiques profondes du thème.

Vent (Feng) : Symbole du mouvement subtil. En Feng Shui, associé à la circulation invisible de l'énergie.

Xing : Nature profonde d'un individu, essence stable au-delà du contexte.

***Yi King* :** Livre ancien de sagesse taoïste fondé sur soixante-quatre hexagrammes symbolisant les mutations de la vie.

Yin/Yang : Forces opposées et complémentaires structurant l'univers : intérieur/extérieur, nuit/jour, féminin/masculin.

Zodiaque chinois : Système cyclique de douze animaux (Rat, Buffle, Tigre...), chacun associé à une année, un mois, un jour et une heure.

À propos de l'autrice

Nathalie Calvet est Maître Feng Shui, experte en astrologie chinoise (BaZi) et en numérologie karmique tibétaine. Initiée aux enseignements taoïstes et coach certifiée en accompagnement au changement, elle aide depuis plus de quatorze ans les particuliers et les professionnels à mieux se connaître et ainsi à transformer leurs potentiels pour un véritable bien-être.

Sa pratique du Feng Shui traditionnel chinois et du *Yi King* lui ont permis de développer une analyse exhaustive des personnes et des lieux.

Achevé d'imprimer en septembre 2025
sur les presses de la Nouvelle Imprimerie Laballery
58500 Clamecy
Dépôt légal : septembre 2025
N° d'impression : 509240

Imprimé en France

Composition : Soft Office